Fabio Genovesi

IN MEINEM HERZEN ALLES SIEGER

Fabio Genovesi

IN MEINEM HERZEN ALLES SIEGER

*Aus dem Italienischen
von Henny Marie Friedrich*

Die Originalausgabe dieses Buches erschien unter dem Titel
»Tutti primi sul traguardo del mio cuore«.
Solferino © 2019

Fabio Genovesi:
In meinem Herzen alles Sieger

Aus dem Italienischen
von Henny Marie Friedrich

© der deutschsprachigen Ausgabe: Covadonga Verlag, 2023
Covadonga Verlag, Spindelstr. 58, 33604 Bielefeld
1. Ausgabe, 2023
ISBN (Print): 978-3-95726-075-8
ISBN (E-Book): 978-3-95726-078-9

Umschlagillustration: Beppe del Greco
Übersichtskarte: Greta Kottmann

Druck und Bindung: Westermann Druck Zwickau GmbH

Alle Rechte vorbehalten. Wiedergabe, auch auszugsweise,
nur mit ausdrücklicher Genehmigung des Verlags.

Covadonga ist der Verlag für Radsportliteratur.
Besuchen Sie uns im Internet: *www.covadonga.de*

Für meinen Freund Pino
und für meinen Freund Marco,
ich trage euch bei mir.

»Es kommt nicht darauf an, wie oft man hinfällt,
sondern darauf, wie oft man aufsteht.«

Colonel Custer

»Nein, gib nicht auf, altes Fahrrad. Wenn du aufgibst,
geht nicht nur eine Epoche des Sports, ein Kapitel
menschlicher Gewohnheiten zu Ende und wieder
wird der verbliebene Herrschaftsbereich
der Illusion, wo die schlichten Herzen
Atem schöpfen können, ein Stückchen kleiner.«

Dino Buzzati

»Das Leben ist wie Fahrradfahren: Um die Balance
zu wahren, muss man in Bewegung bleiben.«

Albert Einstein

Inhalt

13   1984 – Wenn ich groß bin, fahre ich den Giro!

19   Vierundzwanzig Unterhosen
       2. Mai, ein Tag vor Beginn des Giro

24   Ein Chinese beim Giro
       3. Mai, Mannschaftspräsentation, Neapel

32   Der Kampf der rosa Träume
       4. Mai, erste Etappe: Neapel–Neapel

38   Scheue Rehe auf Ischia
       5. Mai, zweite Etappe: Ischia

43   Der Stolz auf die Bohnen
       6. Mai, dritte Etappe: Sorrent–Marina di Ascea

49   Ratzinger gegen Wojtyla
       7. Mai, vierte Etappe: Policastro Bussentino–Serra San Bruno

54 Der Terror von Taschkent
    8. Mai, fünfte Etappe: Cosenza–Matera

63 Ein poetisches Intermezzo
    Wunderschöne Orte im Herzen Kalabriens,
    an die ich nie wieder zurückkehren werde

72 Jubeln verboten
    9. Mai, sechste Etappe: Mola di Bari–Margherita di Savoia

78 Die Mathematik ist eine Meinung
    10. Mai, siebte Etappe: Marina di San Salvo–Pescara

84 Warte, Opa, ich hole nur schnell eine Salsiccia!
    11. Mai, achte Etappe: Gabicce Mare–Saltara

88 Keine Auswahl im Restaurant des Lebens
    12. Mai, neunte Etappe: San Sepolcro–Florenz

95 Darwin, der Puma von Túquerres
    13. Mai, Ruhetag: In der Nähe von Treviso

101 Die Geschichte sind wir (Enzo und ich)
    14. Mai, zehnte Etappe: Cordenons–Altopiano del Montasio

109 Wie Castagna mir die Hand schüttelte
    15. Mai, elfte Etappe: Tarvisio–Vajont

115 Meine Oma vermöbelt sie alle
    16. Mai, zwölfte Etappe: Longarone–Treviso

122	Die Einsamkeit des Sprinters
	17. Mai, dreizehnte Etappe: Busseto–Cherasco
128	Es lebe die Pracht des dichten Nebels
	18. Mai, vierzehnte Etappe: Cervere–Bardonecchia
133	Das Leben, mein liebster Schriftsteller
	19. Mai, fünfzehnte Etappe: Cesana Torinese–Col du Galibier
140	Der letzte Tango in Ivrea
	21. Mai, sechzehnte Etappe: Valloire–Ivrea
148	Sing es noch einmal, Zandegù
	22. Mai, siebzehnte Etappe: Caravaggio–Vicenza
160	Merckx und die Bedeutung eines Schinkens
	23. März, achtzehnte Etappe: Mori–Polsa
167	Genau deshalb gibt es Namen
	24. Mai, neunzehnte Etappe (ausgefallen):
	Ponte di Legno–Val Martello
174	Ich liebe einen Adler
	25. Mai, zwanzigste Etappe: Silandro–Tre Cime di Lavaredo
184	Auf der Flucht vor dem Ende
	26. Mai, einundzwanzigste Etappe: Riese Pio X–Brescia
201	Danksagung

1984 – Wenn ich groß bin, fahre ich den Giro!

An einem Morgen im Mai erklärte uns unsere Grundschullehrerin gerade die Nebenflüsse des Po, und eingelullt von all dem Wasser drohte ich, einzuschlafen. Mit einem Stoß, der die Türe beinahe aus den Angeln hob, betrat mein Onkel Aldo den Klassenraum. Ohne anzuklopfen, ohne zu grüßen, kam er zu meiner Bank, griff nach meinem Arm und zog mich mit sich.

»Komm, schnell, wir sehen uns den Giro an!«

Die Lehrerin, halb verborgen hinter der Landkarte, versuchte ihn zu bremsen: »Entschuldigung, aber ich gehe gleich selbst mit den Kindern los, um den Giro anzusehen.«

Darauf mein Onkel: »Mit allem Respekt, gute Frau, aber Sie haben keine Ahnung, wo die richtige Stelle ist.«

Die richtige Stelle war eine große Kurve vor dem Strandboulevard, wo sich unter der Sonne bereits viele weitere Schaulustige wartend versammelt hatten. Menschen mit Radios, Stoppuhren und Fotoapparaten, alle damit beschäftigt, Bruchstücke von Informationen auszutauschen und den

Hals gen Horizont zu recken, in Erwartung von etwas, das nicht kam.

Dann, endlich, waren sie da. Angeführt von unzähligen Polizeimotorrädern mit lärmenden Sirenen, die dazu aufforderten, Platz zu machen. Dahinter die Autos der Werbekarawane, mit ihren kuriosen Figuren und der Musik und den Menschen, die aus den Fenstern Schlüsselanhänger, Schokolade, Trikots und Mützen verteilten.

Mein Onkel fing eine Kappe mit der Aufschrift »Es lebe der Pyjama« aus der Luft, die er mir auf den Kopf setzte, und ich musste sie mit beiden Händen festhalten, da sich auf der Straße eine Art magischer Wind erhob. Es war der Wind, der vom Fahrerfeld aufgewirbelt wurde, das sich riesig und bunt näherte, eine wabernde Masse, in der sich Millionen Männer zu bewegen schienen, aber sie alle fügten sich neben- und hintereinander zu einer einzigen Gestalt zusammen, kraftvoll und grenzenlos, unzählige Fahrräder und Trikots und stramme Beine wie Pinienstämme, die kreisen und kreisen und gemeinsam ein zauberhaftes Wunder vollbringen. Während sie an mir vorbeifuhren, wurde der Wind stärker, wie das Ausatmen eines Riesen, und ich musste mir tatsächlich die Mütze fest auf den Kopf ziehen, sonst hätte der Wind sie davongetragen. Stattdessen trug er wohl mein Herz davon.

Innerhalb weniger Sekunden waren die Fahrer vorbeigefahren, dann die Mannschaftswagen, zum Schluss weitere Polizeimotorräder. Und dann: nichts mehr. Nur die Stille, die leere Straße, die Menschen, die sich auf den Nachhauseweg machten, ein jeder und eine jede zurück in ihr normales Leben, ohne Sirenen, ohne aus dem Fenster geworfene Geschenke, ohne diese Energie und Geschwindigkeit.

Mir erschien das alles unmöglich. Eine solche Grausamkeit, eine Ungerechtigkeit, dass der Giro an mir vorbeizog, mir seinen ganzen Glanz offenbarte, nur um weiterzuziehen und mich hier alleine zurückzulassen. An diesem Tag beschloss ich: »Wenn ich groß bin, fahre ich den Giro d'Italia!«

Onkel Aldo war einverstanden, und als ich zwölf Jahre alt wurde, schenkte er mir ein Rennrad und ermutigte mich, mich dem örtlichen Radsportverein anzuschließen. Allerdings wurde sehr schnell klar, dass ich kein Champion werden würde, und nach ein paar Monaten konnte man auch eine Karriere als mittelmäßiger Fahrer ausschließen. Es war nichts zu machen, ich hatte nicht die Beine, und mein Herz schlug mir schon bis zum Hals, sobald ich nur einen Berg sah.

Wie also sollte ich den Giro d'Italia fahren, nun, da ich kein Radprofi werden würde? Ich versuchte, nicht in Panik zu verfallen, und erstellte eine Liste mit Alternativen. Vielleicht könnte ich ein Auto in der Kolonne fahren? Allerdings waren alle Chauffeure ehemalige Radprofis, und wenn ich kein Radprofi werden würde, würde es auch schwierig, ein ehemaliger Radprofi zu werden. Vielleicht könnte ich einer der Masseure werden? Aber auch die Idee, die nackten Beine und Hinterteile fremder Männer zu kneten, gefiel mir nicht allzu sehr. Bliebe noch die Rolle als Mechaniker, als Polizist, als Mitglied der Rennjury, als Hubschrauberpilot... Unendlich schienen die Wege zum Giro.

Die einzige Idee, die mir nicht in den Sinn kam, ist die, die mich letztlich wirklich dorthin geführt hat. In dieser Zeit jedoch hätte ich nie gedacht, dass man beim Giro einen Schriftsteller gebrauchen könnte. Ich wusste nichts von Büchern, außer, dass ich sie nicht mochte. Bis dato hatte ich nur ein einziges gelesen, *In 80 Tagen um die Welt*, und es hatte mich so sehr gelangweilt, dass mir die 80 Tage wie 80 Jahrhunderte vorgekommen waren. Wie also hätte ich mir vorstellen können, dass andere Bücher, sogar von mir selbst verfasst, mich von der Langeweile von Jules Vernes Weltreise hin zur Freude jener Italienreise des Giro d'Italia führen würden?

Aber so ist das Leben, es fließt von hier nach dort, und jeden Morgen öffnest du die Augen und entdeckst aufs Neue, wo es dich hingeführt hat. Sicherlich, man kann mit Projekten und strikten Plänen vorangehen, aber all das ist nur eine Art und Weise, sich während der Reise zu beschäftigen, wie alte Menschen, die eine Zugfahrt mit Rätselraten verbringen. Und wenn sie am Zielbahnhof ankommen, blicken sie aus dem Fenster und versuchen, zu begreifen, wie sie dort hingekommen sind.

Genau das ist mir passiert, wenige Tage vor dem Beginn des Giro d'Italia 2013, den ich mich bereits am Fernseher verfolgen sah, mir kleine Abschnitte freier Zeit zwischen meinen etlichen Arbeitsaufträgen im Mai freischaufelnd.

Der *Corriere della Sera* ruft mich an und fragt mich, ob ich die Rundfahrt begleiten könne: mehr als drei Wochen von Neapel erst nach Kalabrien, über Apulien, Richtung Toskana und von dort gen Dolomiten, nach Slowenien, rüber nach Frankreich und dann noch mal in einer langen Schleife quer über die Alpen bis nach Brescia.

Nur, dass ich jetzt fast vierzig Jahre alt bin und bereits ein wenig Arbeit vor mir hertrage, Aufträge angenommen und Abgabetermine einzuhalten habe: die vielen Käfige, die wir innerlich konstruieren, um uns das Leben wie Kanarienvögel zu zähmen. Wie soll das gehen? Mir bleibt nichts anderes übrig, als bedauernd zu antworten: »Nein, das ist nicht möglich, es tut mir sehr leid, aber es ist zu viel zu tun, ich schaffe es nicht.«

Doch als ich den Mund öffne, dringt eine andere Stimme aus meiner Kehle. Zu hoch und holprig, die Stimme eines kleinen Jungen, der kein Talent zum Fahrradfahren besitzt, aber nie aufgehört hat, zu hoffen. Sie kommt von weit unten und ruft einfach: »Ja!«

Als die Leitung verstummt, setze ich mich, das Telefon noch immer am Ohr, und in meinem Kopf beginnt ein anderes Telefonat. Ein Ferngespräch mit meinem Onkel Aldo in Aldilà.

»Wer ist da?«

»Ich bin's, Onkel, Fabio!«

»Aha, und was willst du?«

»Ich wollte dir etwas erzählen...«

»Na gut, aber mach schnell, schließlich bezahlen wir das Telefonat.«

»Ja, ja, aber ich wollte dir doch erzählen, dass ich beim Giro mitfahre!«

»Hä?«

»Ich fahre den Giro d'Italia mit, Onkel, ich breche übermorgen auf!«

»Na endlich! Und mit welcher Mannschaft?«

»Mit dem *Corriere della Sera*.«

»Und welche Mannschaft soll das sein?«

»Das ist keine Mannschaft. Ich fahre nicht auf dem Fahrrad mit.«

»Und was zur Hölle machst du dann?«
»Ich fahre im Auto.«
»Du fährst die Etappen also nicht mit dem Fahrrad?«
»Nein, Onkel, ich berichte über sie.«
Ein Moment der Stille, in der nur das Paffen seiner Zigarette zu hören ist. Dann: »Verstehe. Aber ich rate dir, mach dich ja nicht lustig über die Leute, die den Giro *wirklich* fahren, okay?«
Ich bleibe so sitzen, das Telefon am Ohr, den Blick zur Decke gerichtet, und nicke mit dem Kopf.
Alles klar, Onkel, ich werde es versuchen.

Vierundzwanzig Unterhosen

2. Mai, ein Tag vor Beginn des Giro

Träume sind klar und hell und kümmern sich wenig um die unendlichen Kleinigkeiten und Forderungen dieser Nervensäge, die wir Realität nennen. In meinen Träumen vom Giro sah ich mich immer glücklich und zufrieden inmitten des Fahrerfeldes, unterwegs auf den langen, sagenumwobenen Straßen und den legendären Anstiegen des Radsports. Da waren nur der Wettkampf, die Heldentaten, der Ruhm. Nur wird irgendwann aus Traum Realität. Und die Realität ruiniert das ganze Fest und bringt eine Reihe von ungebetenen und deprimierenden Gästen mit, zum Beispiel den Hunger und den Durst, die Kälte, den Regen und die Müdigkeit. Und, vor allem: die Unterhosen.

In den Stunden vor meiner Abreise werden Unterhosen zu meiner größten Obsession: Ich würde 24 Tage unterwegs sein, würde ich also 24 Unterhosen brauchen?

Ich kann nicht aufhören, darüber nachzudenken, und der Fehler liegt sicherlich bei mir, aber auch bei meiner Oma, die mich, seit ich klein war, wann immer ich irgendwo hinfuhr, stets fragte, ob ich auch genügend saubere Unterhosen dabeihätte.

»Ja, Nonna.«

»Sicher?«

»Ja!«

»Stell dir einmal vor, du gehst über die Straße und dich fährt ein Auto an und du landest im Krankenhaus, was für einen Eindruck macht es, wenn du eine dreckige Unterhose trägst?« Ich bin also mit dem Gedanken groß geworden, dass eine dreckige Unterhose mehr zählt als das eigene Leben. Vielleicht überfährt dich ein Auto und du landest im Koma, aber du kannst ruhig und entspannt bleiben, wenn du eine saubere Unterhose anhast. Wenn es nach meiner Oma geht, müsste ich also 24 Unterhosen mitnehmen.

Nur habe ich leider keine 24 Unterhosen. Niemand bei gesundem Verstand, zumindest niemand, den ich kenne, hat 24 Unterhosen im Schrank. Die, die den Giro fahren, aber vielleicht schon. Der einzige Weg, das herauszufinden, ist, zu fragen.

Ich stürze mich also in eine Reihe von Telefonaten mit Leuten, die es wissen könnten. Mit einem Bekannten, der in der Welt des Radsports zu Hause ist, mit einem Freund, der junge Radrennfahrer trainiert, und mit jemandem, der zwar von Rädern keine Ahnung hat, aber beruflich Expeditionen nach Afrika organisiert und somit Experte für extreme Abenteuer ist. Leider gibt mir jeder eine andere Antwort: Einer rät mir zu 24 Unterhosen, einer errechnet, dass zwölf Paar reichen, einer verkompliziert die Sache zusätzlich, indem er mir erklärt, es komme nicht auf die Anzahl an, sondern auf die Qualität: Nicht zu groß dürfen sie sein, sonst geben sie keinen Halt, nicht zu klein, sonst engen sie ein, denn wenn dein Intimstes zu viel Zeit in der Enge verbringt, riskierst du nicht lediglich, den Giro d'Italia zu versäumen, sondern etwas deutlich Wertvolleres.

Kurzum, statt dass ich einer Lösung des Problems näherkomme, verkompliziert es sich immer mehr. Mein Traum vom Giro war ein Wirbel von Farben, mein Traum war eine Explosion von Ruhm und Glück, stattdessen finde ich mich nun mit einem Kopf voller Boxershorts, Slips und Leistenentzündungen wieder. Die glücklichen Fahrer mit ihren Radhosen. Jetzt verstehe ich auch, warum sie nichts darunter tragen: um sich auf das Rennen konzentrieren zu können, ohne sich darum kümmern zu müssen, wie viele Unterhosen sie mitnehmen.

Aber nicht nur die Unterhosen, das ganze Gepäck ist eine Herausforderung. Wir werden einen Monat auf Reisen sein, angefangen vom Golf von Neapel, entlang der Amalfiküste bis zu den heißen Etappen in Kalabrien und Apulien, hinauf zu den Dolomiten, über Alpenpässe in mehr als 2.500 Meter Höhe, die an Skigebiete in Slowenien und den französischen Alpen grenzen. Das Gepäck für eine so verrückte Reise muss zwangsläufig selbst verrückt sein, mit der Badehose neben der Daunenjacke, den Flipflops neben der Skimaske.

Bevor ich ihn schließe, schaue ich mir den Koffer am Freitagabend noch mal an und sehe nur ein großes Chaos, das perfekt das Chaos in meinem Kopf widerspiegelt, nachdem ich die unzähligen guten Ratschläge derer gehört habe, die mehr Erfahrung haben als ich. Und der mysteriöseste dieser Ratschläge scheint zugleich der wichtigste zu sein, angesichts der Tatsache, dass alle ihn mir mit großem Nachdruck geben: angefangen von Paolo Tomaselli, dem Radsportjournalisten des *Corriere*, der den Giro mit mir begleiten wird, bis hin zu meinem Freund Franco Calotti, der bereits ein Dutzend Italien-Rundfahrten als Teil der Rennjury auf dem Motorrad begleitet hat. Sehr ernsthaft und besorgt wiederholen sie: »Ich rate dir, Fabio, übertreib es nicht!«

Was soll das bedeuten, ich soll »nicht übertreiben«? Das sagt alles und nichts. Mit was sollte ich es nicht übertreiben? Mit dem Essen? Dem Trinken? Der Anstrengung? Dem Risiko? ... Mit was?

Daraufhin sie: »Übertreib es nicht Fabio, generell. Drei Wochen sind lang, also übernimm dich einfach nicht. Verstanden?«

Ich nicke, aber in Wahrheit verstehe ich nichts. Der *Corriere della Sera* schickt mich zum Giro, damit ich, Tag für Tag, eine lange Reportage über das Rennen schreibe. Mir kommt der Gedanke an Hunter S. Thompson in den Sinn, den amerikanischen Autor, der sein Meisterwerk *Fear and Loathing in Las Vegas* geschrieben hat, als das *Rolling Stone*-Magazin ihn nach Nevada schickte, um eine Motorradrallye in der Wüste zu begleiten. Dieses Buch ist ein einziger Rausch von Drogen, Alkohol, Halluzinationen, Illusionen und Ausschweifungen. Hatte auch ihm jemand vor seiner Abreise geraten: »Ich rate dir, Hunter, übertreib es nicht!«? Ich glaube kaum, und wenn doch, so hat er diesen Rat nicht befolgt. Und wie er übertrieben hat. Und herausgekommen ist ein fantastisches Buch.

Als ich das meinem Freund Franco sage, bekomme ich eine Antwort, so trocken wie Asphalt: »Hör zu, ich kenne diesen Hunter Thompson nicht, aber sei dir sicher, dass er beim Giro nach ein paar Etappen nüchtern geblieben wäre.«

Ich schlucke, bedanke mich bei Franco und verfluche diese klapprige Brücke, die die Träume in dieses armselige Land der Realität überführt, sie mit weltlichen Gedanken und praktischen Problemen und kleinlichen Sorgen beschmutzt.

Und dann gehe ich los, um mir Unterhosen zu kaufen.

Ein Chinese beim Giro

3. Mai, Mannschaftspräsentation, Neapel

Der Giro beginnt zwar erst morgen, aber schon heute findet die Mannschaftspräsentation statt. Deswegen befinde ich mich gerade in einem Auto voll mit Aufdrucken und Aufklebern auf dem Weg nach Neapel. Und ich lerne Enzo kennen, meinen Fahrer, und während ich das nur schreibe, schäme ich mich bereits. Weil mir die Idee, einen Fahrer zu haben, der mich, wenn ich sage, ich will hierhin oder dorthin, hierhin oder dorthin bringt, wahnsinnig unangenehm ist. Ich bin das nicht gewohnt, und es gefällt mir nicht, dass andere mir »dienen«, es gefällt mir überhaupt nicht. Auch wenn ich in ein Taxi steige und der Taxifahrer mich fragt, wo er hinfahren soll, antworte ich üblicherweise in der Wir-Form in einem enthusiastischen Ton, um es wie einen Ausflug klingen zu lassen, den wir zusammen unternehmen: »Lassen Sie uns doch zum Bahnhof fahren.« Oder: »Warum fahren wir nicht in die Via Settembrini, vielleicht zur Nummer 43?«

Auch Kellner bereiten mir Unbehagen, das Gefühl, dazusitzen und zu plaudern, während jemand anderes dir zu essen und zu trinken bringt und deinen dreckigen Teller abräumt, wenn du fertig bist. Um ohne Probleme herumzukommandieren und bedient zu werden, muss man meiner Meinung nach geboren sein. Man muss dem angehören, was mein Opa die »Herrschaftsklasse« nannte. Wenn ich mir so ansehe, wie ich mich dabei fühle, mit einem Mann im Auto zu sitzen, der zwanzig Jahre älter als ich sein muss und der, um seine Miete zu zahlen, dazu verdammt ist, mich herumzukutschieren, als wäre ich der kleine Lord, gehöre ich dieser Klasse nicht an.

Nur, dass dieser Mann in meinem Fall Enzo heißt, und damit ist es eine ganz andere Geschichte.

Zunächst einmal ist Enzo in Sachen Geld gut aufgestellt, sicherlich besser als ich. Es gibt Chauffeure, die sich beim Giro ihren Lebensunterhalt verdienen, aber er würde auch ohne Bezahlung mitfahren.

Dieser Mann ist ein Vulkan in Polohemd und Bootsschuhen, ein Tsunami mit grau melierten Haaren, und bereits nach wenigen Augenblicken hat er meine Beschämung aus dem Fenster geworfen und über den Haufen gefahren. »Ich bin Enzo, nicht Renzo, nicht Lorenzo und auch nicht Vincenzo. Ich bin Enzo, fertig, aus«, sagt er mit ligurischem Akzent und schüttelt mir die Hand. Für die beste Vorstellung mir gegenüber sorgt dann aber Mariella, seine Freundin, als Enzo mir den Hörer weiterreicht und sie mir fröhlich verkündet: »Und jetzt hast du ihn für drei Wochen an der Backe!«

Enzo scheint zu dieser mir suspekten Gruppe von Menschen zu gehören, die gerne Auto fahren, und er ist aus purer Leidenschaft dabei. Nicht etwa aus Passion für Radrennen oder das Autofahren oder Sport an sich, es ist etwas Größeres, es ist eine grundsätzliche Leidenschaft. Für das Leben und für die Dinge, die das Leben dir schenkt, wenn du das Steuer in die Hand nimmst und dich auf den Weg machst, um sie zu finden.

Zusammengefasst: Gemeinsam sind wir nicht der kleine Lord und sein Chauffeur, wir sind zwei Gleichgesinnte in einem Auto, zwei Ausflügler, die Sprit und Mautgebühren bezahlt bekommen und gemeinsam durch ganz Italien fahren, um es sich aus dem Fenster anzuschauen und ab und zu anzuhalten und sich hineinzustürzen.

Ganz im Gegenteil: Da er erfahrener aussieht und besser angezogen ist als ich, werden alle, die wir treffen, Enzo für den Entsandten des *Corriere* halten und mich für seinen Chauffeur oder Laufburschen oder was auch immer. Schon an der ersten Raststätte, an der wir anhalten, zwischen der Toskana und der Region Latium, wendet sich der Mann hinter der Theke, als er hört, dass wir über den Giro und die Akkreditierungsausweise sprechen, die wir in Neapel abholen müssen, nur an Enzo und fragt: »Na, Dottore, was meinen Sie, wer gewinnt dieses Jahr?«

Es ist die gleiche Frage, die mir gestern mein Metzger Raul gestellt hat und auch die wenigen meiner Freunde, die sich zumindest ein bisschen für Radsport interessieren. Sie wissen vielleicht nicht, wann der Giro beginnt oder wer mitfährt, aber alle wollen sehen, wie ein Italiener die Rundfahrt gewinnt.

Vielleicht ist das so, weil Radrennen dem Leben so ähnlich sind (oder ist es das Leben, das den Radrennen ähnelt, das habe ich nie verstanden) und weil der italienische Radsport wie Italien ist.

Keine Frage, ein Ferrari ist ein tolles Auto und die Formel-Eins-Weltmeisterschaft ist spektakulär, aber das echte Italien sieht sich im Radsport repräsentiert.

Auch in diesem Jahr ist es wieder die übliche Geschichte: Wir bekommen es mit einem ausländischen Gegner zu tun, Bradley Wiggins, unschlagbar in den Zeitfahren, ob alleine oder im Team, jenen Etappen also, die die Fähigkeit belohnen, auf Grundlage von Konzentration, Disziplin, Organisation, Beherrschung und kluger Krafteinteilung eine konstante und andauernde Leistung zu erbringen. Und das war nie unsere Stärke. Die italienischen Ressourcen sind stattdessen die unseres Champions Vincenzo Nibali, der versucht, die Härte der Anstiege auszunutzen, die Risiken der Abfahrten und das Auf und Ab der bewegtesten Etappen.

Hinterhalte, Überraschungsangriffe, Spritzer von Stolz und Einfallsreichtum... Kurzum, die Waffe von Nibali wird Etappe für Etappe genau jene sein, auf die wir Italiener jeden Tag zurückgreifen: die Kunst, sich etwas einfallen zu lassen.

Deswegen hoffen wir so, dass ein Italiener den Giro gewinnt. Weil Italien wie sein Radsport ist und einen von uns sehen möchte, der die Zähne zusammenbeißt, Staub und Speichel spuckt und sich hineinstürzt, wenn er eine Gelegenheit erahnt.

Glücklicherweise ist dieser Giro voll von Gelegenheiten. Bergankünfte, unbekannte Anstiege, Strecken auf und über die Berge und Hügel einer Nation, die von einem Gott geschaffen zu sein scheint, der den Radsport liebt.

Gelegenheiten, die Vincenzo Nibali zulächeln, die aber auch Michele Scarponi begeistern könnten, einen Danilo Di Luca, der seine Lektion lernen musste, oder Stefano Garzelli, der nur ein Jahr älter als ich ist, und wenn ich höre, dass sie ihn »den großen alten Mann des Giro« nennen, fühle ich mich schlecht.

Aber ich fühle mich noch schlechter, wenn ich an Ivan Basso denke, der hoffte, seinen dritten Giro gewinnen zu können, und stattdessen wegen eines Problems am Hoden fehlt: eine Zyste, die in manchen Beschreibungen einem Golfball ähnelte, während sie Ivans eigenen Worten zufolge sogar »groß wie eine Zitrone« war. So oder so, für jemanden, der ganz Italien auf dem Rad durchfahren will, beendet eine solche Plage das Thema sofort. An seiner Stelle führt der junge Damiano Caruso das Team Cannondale an, und im Verlauf des Rennens wird er auf weitere talentierte heimische Nachwuchsprofis treffen wie Mattia Cattaneo und Fabio Aru, dessen Nachname japanisch klingt, der aber von Sardinien stammt.

Wir wollen, dass er bis zum letzten Atemzug in die Pedale tritt, den Kopf schüttelt, weil er nicht zurückfallen möchte, neue Energie in den Beinen findet, in den Wiegetritt geht, nach vorne blickt und weiter die Menge teilt wie Moses das Rote Meer.

Auf den einundzwanzig Etappen des Giro werden wir diese Menge sein, und wir treten erst in der letzten Sekunde zur Seite, um sie vorbeifahren zu lassen, wir folgen ihnen mit unserem Blick, während sie an uns vorbeifliegen und den Lenker umklammern, und wenn sie am Ziel ankommen und die Arme in den Himmel recken, sind wir bei ihnen.

Oder besser gesagt: Wir werden sie sein. Das ist alles.

Aber als wir ankommen, pünktlich für die Präsentation der Mannschaften auf der Piazza del Plebiscito, entdecke ich, dass die Gefahr aus dem Ausland noch tückischer ist, als ich gedacht habe. Denn dieses Jahr ist sogar ein Chinese beim Giro dabei. Er heißt Ji Cheng, fährt für das Team Argos-Shimano und ist der erste Radrennfahrer seiner Nation, der am Giro teilnimmt.

Diese Tatsache entfacht große Neugierde und provoziert ziemlich viele Witze. Auch Enzo und mir rutschen unter der Sommersonne auf dem Platz einige heraus, aber den besten macht ein Herr, der einen Entdeckerhut trägt und unter der Tribüne hin- und herläuft: »Jetzt machen sie auch noch Radsportler in China, und auf den ersten Blick sehen sie perfekt aus, doch nach drei Etappen gehen sie kaputt.«

Und es ist in Ordnung, denn wie wir wissen, ist der Italiener der Sklave des Humors. Aber Spaß beiseite, es lässt sich nicht abstreiten, dass die Anwesenheit eines Chinesen beim Giro eine große Wirkung hat. Ich denke darüber nach und weiß nicht, ob es ein angenehmer Effekt ist – ein Zeichen der totalen Öffnung der Welt – oder eine beunruhigende Vorahnung. Also muss ich ihn kennenlernen, diesen Ji Cheng, und mit ihm darüber sprechen.

Ich warte, bis seine Mannschaft auf den Platz kommt, gemeinsam mit den anderen zweihundert Fahrern, die sich ab morgen für ihre Nation in die Pedale werfen. Die zuständigen Herren von der Rennorganisation geben mir nur einen Tipp, um ihn zu finden: »Den finden Sie schon, er ist Chinese!«

Und tatsächlich, als er herauskommt, erkenne ich ihn sofort. Obwohl er groß und braun gebrannt ist, obwohl er eine riesige Sonnenbrille mit weißem Rand trägt, die ihn wie einen asiatischen Popstar aussehen lässt. Ich erkenne ihn, weil eine Traube chinesischer Fernsehleute ihn umzingelt, um ihn gnadenlos auszufragen. Neun chinesische Journalisten begleiten den Giro, und als ich sehe, dass einer von ihnen weniger beschäftigt scheint, gehe ich hin und frage ihn, ob das chinesische Fernsehen hier ist, weil es sich für den Giro interessiert oder weil es sich bloß für die Präsentation von Ji Cheng interessiert. Er antwortet mir beinahe beleidigt: »Natürlich verfolgen wir ihn, aber uns interessiert der ganze Giro.« Ich frage ihn, ob Ji Cheng in China berühmt ist: »Ja, sehr!« Ich frage, ob auch der Giro bekannt ist bei ihnen: »Ja, sehr!« Da er den Hauch eines Zweifels in meinen Augen zu erkennen scheint, schiebt er den Ärmel seines Hemds hoch und zeigt mir die klassischen Bräunungskanten der Radsportler: »Ich fahre selber auch«, erklärt er mir ernst.

Ich danke ihm und verabschiede mich, von dem Verdacht beschlichen, dass die neun Journalisten in Wahrheit gar keine Journalisten sind, sondern chinesische Radsportler, die inkognito bereitstehen, um in einer heimlichen Staffelübergabe durchzuwechseln und so schließlich den Rundfahrt-Sieg einzuheimsen, und dabei von der Ignoranz der westlichen Welt profitieren, in deren Augen alle Asiaten gleich aussehen. Es ist absurd, ich weiß, aber alle neuen Dinge sind erst einmal absurd, bevor sie normal werden. Darüber kann ich jetzt aber nicht weiter nachdenken, denn endlich lassen ihn die Journalisten in Ruhe und ich kann mit Ji Cheng persönlich reden, in der Hoffnung, dass er mir erklärt, wie die Dinge wirklich sind.

Er erzählt mir, dass er im nordöstlichen Teil von China geboren wurde, wo er zunächst mit Leichtathletik begann, da er aber nicht genug Talent hatte, schwang er sich 2002 aufs

Fahrrad. 2007 wurde er Profi und heute lebt er in den Niederlanden, wo er zwar unter der harten westlichen Konkurrenz leidet, aber gleichzeitig stolz ist, einer zukünftigen Generation chinesischer Fahrer den Weg zu bereiten. Ich frage ihn, was er vom Giro d'Italia hält, was eine sehr vorhersehbare Frage ist, für die ich prompt mit der immer gleichen Antwort über die Sonne und das Meer und die tollen Gebäude und das Essen, das immer fantastisch schmeckt, bestraft werde.

Ich frage ihn auch noch, ob es ihn bewegt, bei einem Etappenrennen dabei zu sein, das von den größten Fahrern aller Zeiten gewonnen wurde, aber er scheint verwirrt. Ich frage ihn, ob er ein wenig über die Geschichte des Radsports weiß, ob ihn die Heldengeschichten ehemaliger Champions interessieren. Und er antwortet mir gelassen, aber ernsthaft: »Nein, ich weiß absolut nichts über die Geschichte des Radsports, und sie interessiert mich auch nicht. Mich interessiert die Gegenwart.« Er lächelt, schaut mich mit festem Blick aus seinen dunklen Augen an, in denen ich mehr noch als die Gegenwart flüchtig und unerbittlich unsere ganze Zukunft erahne.

Es ist spät, Ji Cheng muss los, ich schüttele ihm die Hand und wünsche ihm viel Glück. Aber irgendwie weiß ich, dass er das eigentlich nicht brauchen wird.

Der Kampf der rosa Träume

4. Mai, erste Etappe: Neapel–Neapel

Wir sind in Neapel, heute beginnt der Giro, endlich, und ich frühstücke im prächtigen Salon des Hotel Vesuvio, vor mir das Castel dell'Ovo, hinter dem das Meer liegt. Um mich herum die regulären Gäste des Hotels, quasi allesamt Engländer oder jedenfalls mit britischem Aussehen, elegante Paare zwischen siebzig und hundert Jahren alt, Männer mit Einstecktuch in der Brusttasche, Frauen mit Puffärmeln und kleinen Hüten, und auch wenn es kein schönes Bild ist, erinnern sie mich an die Leute, die an Bord der Titanic gingen für ihre erste, unvergessliche Überfahrt. Vielleicht ist es aber auch nur ein Scherz meines müden Kopfes nach einer schlaflosen Nacht.

Heute beginnt tatsächlich der Giro, beginnt dieses Abenteuer, das ich seit so langer Zeit in meinem Herzen trage, und der Luxus und der Komfort meiner Unterkunft haben, anstatt mich einzuladen, zur Ruhe zu kommen, meinen Kopf nur noch mehr mit Gedanken gefüllt.

Wenn man den Aufzug nimmt (den langsamsten der Welt, wenn auch groß wie meine Küche zu Hause), hängen an den

Wänden Fotos von Bill Clinton und Sophia Loren und vielen anderen berühmten Persönlichkeiten, aber für mich am bedeutsamsten ist, dass John Fante mal im Vesuvio übernachtet hat.

1957 ist der große Schriftsteller in diesem Hotel abgestiegen, weil er das Drehbuch für einen Film schreiben sollte, der in Italien spielt, und er ist sieben Wochen hier geblieben. Nachdem er bereits zahlreiche großartige Geschichten über die italienischen Auswanderer geschrieben hatte, fand er sich mit 48 Jahren das erste Mal in Italien wieder, fassungslos angesichts des Chaos, der Armut und der intensiven Gerüche, den die realen Dinge haben, wenn man sie direkt vor sich hat.

Gestern Nacht habe ich nicht geschlafen, sondern an ihn gedacht, ich drehte und wälzte mich in einem gigantischen Bett, das vielleicht dasselbe war, in dem John Fante einst geschlafen hatte, und vielleicht würde es ja auch mir so ergehen, dass, nachdem ich so viele Jahre vom Giro geträumt hatte, die drei Wochen wie eine Ohrfeige ins Gesicht werden würden.

Heute Morgen denke ich noch immer daran, während ich frühstücke und mich zwischen Unmengen von Cornetti, Gebäck und Servierplatten voll mit salatähnlichen Dingen entscheiden muss, die ich zu meinem Tisch trage, aber gar nicht weiß, wo ich sie abstellen soll, weil die ganze Fläche mit Lokalzeitungen bedeckt ist.

Von heute bis zum Ende des Giro werde ich es so machen: Ich stehe auf, gehe zum Kiosk und kaufe alle Tageszeitungen des Ortes, auf der Suche nach diversen Absurditäten, die jede Region Italiens kultiviert wie typische Produkte. Genau deswegen hat mir der *Corriere* einen eigenen Wagen zur Verfügung gestellt.

Paolo Tomaselli, der von der Zeitung entsandte »echte« Journalist, hat ein anderes Auto, das von einem anderen Chauffeur gefahren wird, der Fabrizio heißt. Zwei Autos, zwei getrennte Reisegruppen, denn auch unsere Berichte sollen unterschiedlich sein. Vielleicht macht sich während der Etappe eine Ausreißergruppe von dannen, und Tomaselli muss dahinter bleiben, um berichten zu können. Ich dagegen finde heraus, dass wir eine Region passieren, die, aus welchen Gründen auch immer, die höchste Selbstmordrate Europas hat, also nehmen Enzo und ich den Umweg in Kauf und begeben uns dorthin. Oder an einen anderen Ort, an den wir fahren wollen.

Aber wohin wollen wir fahren? Ich weiß es nicht, und genau deswegen versuche ich jeden Morgen, es aus der Lokalpresse zu erfahren, die mit ihren oftmals verdrehten Nachrichten den Streckenplan für diese absurde Reise vorgibt.

Und tatsächlich stoße ich heute Morgen auf einen Artikel im *Corriere del Mezzogiorno*, der von gleich mehreren Hochzeiten erzählt, die heute in Posillipo stattfinden, und ich verstehe sofort, dass das mein Ziel des heutigen Tages sein wird.

Denn so ist der Giro: Er kommt zu dir. Er verlangt keine Eintrittskarten, er zwängt dich nicht in Stadien oder muffige Sporthallen, er kommt zu dir nach Hause. So als würde es eines Tages an deiner Tür klingeln, und wenn du aufmachst, steht die Mannschaft des AC Mailand oder von Juventus Turin vor dir und sagt: »Hey, wir kicken bei euch im Hof, hast du Lust, zuzusehen?« Kurzum, der Giro ist bei den Menschen zu

Gast, und wie bei allen Gästen ist es normal, dass er manchmal etwas aufdringlich ist und sich in die persönlichen Angelegenheiten des Gastgebers einmischt.

Samstag, der 4. Mai 2013, ein Datum, das zehn verlobten neapolitanischen Paaren seit einiger Zeit das Herz erwärmt, der Tag, an dem sie sich endlich ihren Traum erfüllen und heiraten werden. Alles ist bereit, die Kirche, das Restaurant, die Location für das aufwändige Fotoshooting, und das alles eingerahmt von der ergreifenden Kulisse von Posillipo.

Und dann entdeckst du, dass am gleichen Tag wie deine Hochzeit der Giro d'Italia in Neapel ankommt und die Einfahrt nach Posillipo von morgens bis abends gesperrt ist. Und auf einen Schlag wird dir bewusst, dass die lange Schlange von Autos, die du dir ausgemalt hast, bunt und hupend, nicht die fröhliche Hochzeitsgesellschaft von Verwandten und Freunden ist, die deine Feier besuchen, sondern die Karawane des Giro.

Panik, Angst, Empörung. Die Stadt entscheidet, Sondergenehmigungen zu gewähren, um die Hochzeitspaare und ihre Gäste vorbeizulassen, aber es muss alles schnell gehen, Pläne werden geändert, die Fotografen müssen sich auf andere Hintergründe und Lichtverhältnisse einstellen, unter denen die Qualität der Bilder leiden könnte. Eine Braut, beinahe den Tränen nahe, lässt bei mir ihre Wut raus: »Der Lichteffekt, den wir wollten, ist dahin, verstehen Sie? Dahin!«

Aber nichts ist dahin, erst recht nicht für den Australier Cameron Wurf, der auf der ersten Etappe mit einer abenteuerlustigen Schar ausgerissen ist und sich jetzt alleine auf der Flucht befindet, angetrieben von dem Wunsch, sich nicht wieder vom Feld einholen zu lassen.

Dank der wunderschönen Aussicht, die sich von der Wallfahrtskirche Sant'Antonio a Posillipo bietet, kann ich weiter unten die wilde Rennfahrermeute erkennen. In der Kirche selbst wird gerade die Zeremonie einer Trauung vollzogen, vielleicht die letzte dieses verrückten Tages. Ein Meer von Hochzeitsgästen tritt ins Licht der Sonne, geht zu ihren Autos und versucht zu verstehen, welcher Weg sie wohl zu ihrem Restaurant bringen könnte.

Für die Vermählten geht es draußen mit dem Fotoshooting weiter, unter den Anweisungen einer Gruppe, die sich aus einem Fotografen, zwei Assistenten und einem Lichttechniker zusammensetzt. Die auserwählte Kulisse für das Hochzeitsfoto ist eine blühende Ecke neben der Kirche, angelegt von einer Missionsbewegung, die sich »Piccola Lourdes« nennt und der Marienverehrung verschrieben hat. Zwischen Blumen und anderen Zierpflanzen befindet sich eine Madonnenstatue in einer Grotte, davor eine kleine Bernadette in Anbetung und ein Brunnen so wundersam wie jener in dem Pyrenäenstädtchen, das alles umringt von Plastikschafen auf einer Wiese aus Kunstrasen.

Pater Enzo, der das Paar gerade vermählt hat und nun eine Zigarette raucht, erklärt mir, dass diese grüne Wiese ein wenig Ruhe inmitten des ganzen Zementes bietet.

»Heute sieht dieser Treffpunkt völlig anders aus als früher«, erzählt er mir. »Zu Beginn der Arbeiten haben wir erst mal zwei Tonnen mit Spritzen weggekarrt. Was einst ein Ort der Sünde war, ist jetzt ein Ort der Anmut.«

Bittersüße Details, die die beiden Frischvermählten nicht interessieren, die Arm in Arm zwischen den Schäfchen posieren. (»Dieser Teil der Anlage zieht die meisten Leute an«, erklärt mir der Pfarrer betrübt.) Vorsichtig frage ich die Verliebten, ob der Giro am Ende ein großes Problem gewesen sei, und die wunderschöne Braut antwortet mir lächelnd und kopfschüttelnd: »Nein, nur große Aufregung in den letzten Tagen, aber jetzt nicht mehr.« Sie schaut ihren Ehemann an, der sie im Arm hält.

Ich verabschiede mich und überlasse sie ihrem rosa Traum, während auf den Straßen des Giro der rosa Traum von Wurf platzt, der kurz vor dem Ziel, nach 110 Kilometern Flucht, unbarmherzig vom riesigen Leib des Pelotons verschlungen wird.

Nicht alle Träume werden wahr, so ist das Leben, so ist der Radsport. Aber heute Abend wird Wurf in dem Wissen ins Bett gehen, dass er es zumindest versucht hat. Und das ist es, was einen Menschen ruhig schlafen lässt.

Scheue Rehe auf Ischia

5. Mai, zweite Etappe: Ischia

Die Fähre nach Ischia ist voll mit Menschen vom Giro. Nur langsam lerne ich, sie an ihren Gesichtern zu erkennen, in der Zwischenzeit helfen mir der rote Akkreditierungsausweis um ihren Hals und das offizielle Shirt der Italien-Rundfahrt, das alle Chauffeure und Mitarbeiter des Veranstalters stolz zur Schau stellen.

Und mitten unter ihnen Enzo.

Er hat kein offizielles Shirt vom Giro. Auch keine Hose. Sie haben ihm keine gegeben. Denn wenn ich schon auf den letzten Drücker angefragt wurde, wurde er auf den allerletzten angefragt, und sie haben ihm gesagt, dass die Kleidung bereits vergriffen sei. Und diese Tatsache gefällt Enzo gar nicht.

Mir sagt er zwar immer wieder, dass es ihm nicht wichtig sei, dass es besser so sei und er sich nun wenigstens so anziehen könne, wie es ihm gefällt, dass wir ein anarchisches Paar seien und er keine Uniform brauche. Aber in Wirklichkeit möchte er diese Uniform unbedingt, er will sie, komme was wolle, und alle zehn Minuten fängt er wieder mit der gleichen Diskussion an. Auch deshalb, weil er heute Morgen nach unzähligen Telefonaten endlich jemanden vom Organisationsteam erreicht hat, der ihm kurz und bündig mitgeteilt hat: »Immer mit der Ruhe, Sie werden schnellstmöglich alles bekommen.« Und dies wird die Situation nicht verbessern, sondern nur noch verschlimmern, denn zur Bitterkeit, keine offizielle Kleidung zu haben, die ihm zusteht, kommt von nun bis ans Ende der Rundfahrt auch noch der Skandal eines Versprechens hinzu, das niemals eingelöst werden wird.

Das Ergebnis ist, dass der Blick auf die Insel Ischia, die ich zum ersten Mal in meinem Leben sehe, für mich immer mit Enzos Kommentaren verbunden sein wird, wie hässlich doch die Shirts vom Giro seien, wie schlecht die Hosen geschnitten seien, die einem die Beine abquetschen und einen wie einen Vollidioten aussehen lassen... sodass ich mir irgendwann meine Kopfhörer aufsetze, auf das Blau des Meeres blicke, das sich um uns herum ausbreitet, und überlege, was ich über die heutige Etappe schreiben könnte.

Denn heute auf Ischia findet das Mannschaftszeitfahren statt. Was bedeutet, dass ein Team nach dem anderen versucht, dieselbe Strecke in schnellstmöglicher Zeit zu absolvieren. Die ganze Aufmerksamkeit dürfte den Top-Mannschaften mit den favorisierten Fahrern zukommen, unter denen sich Athleten befinden, die auch geraume Strecken ganz allein auf sich gestellt mit weit mehr als vierzig Stundenkilometern zurücklegen können. Ich sollte mich auf die Unterschiede konzentrieren zwischen dem streng technologischen Ansatz des Team Sky, dessen Sportdirektor im Auto exakt die Wattzahlen seiner Fahrer verfolgt, und der eher handwerklichen Herangehensweise der Astana-Mannschaft um Vincenzo Nibali. Aber in meinem Kopf ist nur das baskische Team Euskaltel-Euskadi, das lediglich als Favorit auf den letzten Platz ins Rennen geht.

Schon beim Start wirken die neun Männer in Orange wie scheue Rehe, die beim kleinsten Fehler von einem Rudel Wölfe erledigt werden könnten. Und tatsächlich haben die Jungs von Euskadi viele Gründe, beunruhigt zu sein: Finanziert vom größten Telefonanbieter des Baskenlandes und der Regierung der autonomen Region, wurden von diesem Radrennstall seit jeher nur Profis engagiert, die baskische Wurzeln haben oder dort aufgewachsen sind. Eine Art Nationalmannschaft, ein sportliches Aushängeschild, das seit 1994 die ohnehin schon glühenden Herzen des baskischen Volkes zusätzlich entflammt. Doch seit diesem Jahr fahren erstmals auch Radsportler im orangen Trikot, die überhaupt nichts Baskisches in sich haben, und so ist bei diesem Giro also ein Portugiese dabei, ein Slowene und außerdem der Grieche Tamouridis.

Der Grund für diese Entscheidung ist ökonomischer Natur: Das Budget der Mannschaft wird immer weiter reduziert, und die einzige Möglichkeit, sich unter den besten 18 Teams der WorldTour zu halten (gewissermaßen in der Formel Eins des Radsports), besteht darin, Fahrer zu engagieren, die viele Punkte in der Weltrangliste mitbringen. Daraus resultiert diese Öffnung zur Welt: Willkommen, Griechen, willkommen, Slowenen, willkommen, UCI-Punkte!

Und: Auf Wiedersehen, unverwechselbares Merkmal einer geeinten Mannschaft, die aus hartgesottenen, widerstandsfähigen Bergfahrern besteht, aus steinharten Kletterern, so rau wie die spitzen Felsen, die aus ihrem Land emporragen, mit

Namen, die Steuernummern ähneln und der Albtraum eines jeden Reporters sind: Amets Txurruka, Pablo Urtasun, Mikel Artetxe Guezuraga... Wenn dieser Identitätsverlust schon den Radsportbegeisterten in der ganzen Welt missfällt, so stellt er für die baskischen Fans einen tiefen Schmerz dar, einen Stich ins Herz, der ihnen den Atem nimmt. Und atemlos scheinen auch die Euskadi-Fahrer auf den 17 Kilometern des Zeitfahrens. Sie fahren nicht gut, lassen immer wieder Lücken aufgehen. Es mögen neun Rennfahrer sein, und doch sind sie keine Mannschaft mehr.

Das denken sicherlich auch die baskischen Fans, die zu weiten Teilen gegen die Globalisierung im Radsport opponieren und die Teamleitung auffordern, ihre Entscheidung umzukehren, auf die Punkte und die WorldTour zu verzichten und zur Moral zurückzukehren, die einmal galt: Vielleicht nicht mehr in der ersten Liga, aber zumindest mit erhobenem Haupt unterwegs.

Und tatsächlich, während ich noch darüber nachdenke, passiert am letzten Anstieg etwas Unglaubliches: Euskadi verliert unterwegs einen weiteren Fahrer, und zwar den fünften, der bei dieser Etappe eine entscheidende Rolle spielt, da er die Zeit des Teams bestimmt. Denn um zu ermitteln, wie schnell jede Mannschaft die Strecke absolviert hat, wird die Stoppuhr in dem Moment angehalten, in dem der jeweils fünfte Fahrer über die Ziellinie rollt. Wenn nur vier ankommen, ist es, als wenn niemand ankäme.

Wie das passieren konnte, weiß ich nicht, und wenn man sich so ansieht, wie die anderen sich nach hinten umdrehen, als seien sie eine Gruppe Sonntagsausflügler, die auf einen alten Freund wartet, wissen auch sie es nicht. Der Fünfte, der einfach nicht auftauchen will, ist Ricardo Mestre, der portugiesische Neuzugang. Vielleicht verstehen sie sich nicht, vielleicht sprechen sie nicht die gleiche Sprache, wer weiß das schon.

Fest steht, dieses Zeitfahren ist ein Desaster für das Team Euskadi, und Mestre erreicht das Ziel alleine und wie ein begossener Pudel mit mehr als einer Minute Rückstand auf die Sieger vom Team Sky.

Und vielleicht denke ich deshalb heute beim Zeitfahren auf Ischia an Euskaltel-Euskadi. Sie konnten nicht gewinnen, und doch war es ihre Etappe: eine Prüfung, die sich um eine Insel herum abspielt, die ebenso steinig und unzugänglich ist wie die baskische Identität, eine Prüfung, bei der der Gegner die Zeit ist, eine neue Zeit, die Kompromisse und Selbstaufgabe verlangt.

Eine Prüfung, an der Euskadi, zumindest heute, leider gescheitert ist.

Der Stolz auf die Bohnen

6. Mai, dritte Etappe: Sorrent–Marina di Ascea

Nach drei Nächten in Neapel ist der Moment gekommen, in dem wir das Gepäck ins Auto laden und aufbrechen. Manch einer tut dies mit großer Erleichterung. Tatsache ist, dass große Teile des Radsportvolkes aus Venetien und aus den Provinzen Brescia und Bergamo stammen, und in Neapel bewegen sie sich ungefähr so entspannt und unbekümmert wie amerikanische Soldaten, die im Irak stationiert sind. Auf der Welt gibt es Menschen, die Angst vor Lärm haben, vor Spinnen oder beengten Räumen, und sie haben eben Angst davor, in Neapel zu sein: eine Angststörung, die man wohl Napolophobie nennen kann.

Immer skeptisch und auf das Schlimmste gefasst, bewegen sie sich mit einer Angst durch die Straßen, die ihnen die Brust zuschnürt. Sie zittern an jeder Ecke und gehen beim ersten Hupgeräusch in die Luft. Ab und zu lassen sie sich kurz von der verzehrenden Schönheit der Landschaft hypnotisieren, vom Ausblick über die Bucht und vom wahrhaft zauberhaften Meer, um sich dann rasch wieder daran zu erinnern, dass sie ja in Neapel sind. Sie drehen sich mit einem Ruck um, greifen mit der Hand nach ihrer Brieftasche und gehen schnell weiter vor lauter Angst, beraubt, betrogen, entführt oder vergewaltigt zu werden oder gar alles zusammen.

Allerdings konnte selbst in Neapel keine Gesetzlosigkeit, kein Betrug oder körperliche Gewalt festgestellt werden. Nur einen kleinen Aufruhr hat es gegeben am Tag der Mannschaftspräsentation: Auf der Piazza del Plebiscito konnte ein Fahrer seinen Tacho nicht mehr an seinem Fahrrad finden. Das Ereignis sollte bereits für die Nachrichten aufbereitet werden, als sich herausstellte, dass es sich lediglich um einen Scherz seiner Teamkameraden handelte. Na dann, Gute Nacht!

Nein, vielmehr Guten Morgen, denn genau heute stehen wir früh auf und brechen zu einer anspruchsvollen Etappe auf, die nur aus Anstiegen und zahllosen Kurven entlang der Amalfiküste besteht.

Angesichts der langen Distanz wird es eine harte Angelegenheit werden, ein Rennen für zähe Kerle, auch wenn ich am Start in Sorrent von einer Überdosis Frivolität übermannt werde: Ich blicke den Fahrern in die Augen und versuche, an der Intensität ihrer Blicke zu erkennen, welcher von ihnen der Entschlossenste ist und wer den Geist des Opfermutes besitzt, doch stattdessen bleibt mein Blick an vier halbnackten Mädchen hängen, die man »die Schirmgirls« ruft, »*le Ombrelline*«. Es handelt sich um eine Idee, die aus dem Motorradrennsport importiert wurde, und die jungen Damen haben die Aufgabe, einen Sonnenschirm zu halten, um den Radprofis Schatten zu spenden.

Da der Veranstalter des Giro keine zweihundert Schirmgirls für alle Fahrer engagieren kann, wurde entschieden, dass nur die vier Fahrer, die die Wertungstrikots der Rundfahrt tragen, diesen besonderen Service genießen dürfen. Das Rosa Trikot, das Blaue Trikot für den besten Bergfahrer, das Rote Trikot für den Führenden in der Punktewertung und das Weiße Trikot für den besten Nachwuchsfahrer werden von den Schirmgirls beschützt, die Valeria, Lucia, Giulia und Sissi heißen. Ich verfolge die Motorrad-WM nicht, daher weiß ich nicht, ob die Schirmgirls dort einen Sinn haben, aber hier beim Giro ganz gewiss nicht: Die Radrennfahrer legen Hunderte von Kilometern zurück, Stunde für Stunde in praller Sonne und im Regen, durch Schnee und durch Nebel, was also bringt ihnen ein Sonnenschirm über dem Kopf, zwei Minuten vor dem Start?

Ich weiß es nicht, und ich versuche, nicht weiter darüber nachzudenken. Glücklicherweise geht das Rennen jeden Moment los, und wir brechen auf. Lebt wohl, Schirmgirls, leb wohl, Blödsinn, nun beginnt der wirkliche Kampf. Zweihundert Kilometer und eine Milliarde Kurven, entlang einer Küstenstraße so wunderschön, dass man das ganze restliche Leben damit verbringen könnte, an jeder ansprechenden Ecke anzuhalten, um ein Foto zu schießen.

Die Fahrer interessiert das Panorama nicht die Bohne. Es kann sie auch nicht interessieren, dafür ist kein Platz inmitten der Erschöpfung und der Konzentration auf das, was im Feld passiert, auf die Lenker der anderen, mit denen man sich nicht verhaken darf, auf die Schlaglöcher, die es zu umfahren gilt, auf die Ausreißversuche, die zu unterbinden sind... Kurzum, ob sie durch dieses Paradies fahren oder durch ein Industriegebiet von Vilnius, macht letztlich keinen Unterschied.

Auf der heutigen Etappe gibt es keinen Moment der Ruhe, denn angesichts des ständigen Auf und Ab, des schneidenden Winds, der Schlaglöcher und der engen Kurven könnte alles passieren, jeden Moment könnten die Fahrer attackieren oder attackiert werden. Auf Etappen wie dieser wird offensichtlich, dass es natürlich kraftvolle Beine und ausdauernde Lungen braucht, das schon, aber dass es vor allem der Stolz ist, der entscheidet.

Heute, auf der Straße nach Marina di Ascea, begegnet mir eine Menge Stolz.

Schon auf den ersten Kilometern berührt mich jener im Gesicht von Salvatore Puccio, einem Jungspund, der sich zufällig im Rosa Trikot wiedergefunden hat und nun hofft, noch ein bisschen darin zu verweilen, während er das erste Mal Fans seinen Namen rufen hört. Das Problem ist, dass seine Mannschaft, das dominante Team Sky, auf kühle Berechnung setzt und lieber auf dem glatten Meer der Theorie segelt – den Faktor Stolz haben sie nicht berücksichtigt. Und doch war er heute überall zu finden. Auch in Person einer Dame in Spineta Nuova, die damit beschäftigt war, den Asphalt am Ortseingang zu fegen. Ich halte an, steige aus und frage sie, was sie tut.

»Ich säubere die Straße«, sagt sie. »Ich bin von hier, mir ist es wichtig, dass wir eine gute Figur machen. Ich hatte heute früh schon gefegt, aber dann seid ihr mit euren Autos drübergefahren.«

Sie nimmt ihre Arbeit wieder auf, weil sie keine Zeit zu verlieren hat, die Straße von Spineta Nuova soll perfekt sein bei der Ankunft der Fahrer. Ich winke ihr zu, in der Hoffnung, dass keiner im Peloton hier auf die Idee kommt, seine Trinkflasche auf die Straße zu werfen, und Enzo und ich fahren hinauf bis nach Controne, eine kleine Stadt in der Nähe von Paestum. Neunhundert Menschen leben in der Gemeinde und bauen eine Bohnensorte an, die es auf dem ganzen Planeten nur hier gibt. Berühmte Spitzenköche verarbeiten sie, in der ganzen Welt wird sie nachgefragt, aber die Ernte erfolgt noch von Hand und die Produktion ist limitiert, weil Paestum über einen einzigartigen Boden verfügt und man schlichtweg nicht mehr anbauen kann. Marco Caponigro erklärt mir, dass sie das Produkt schützen lassen könnten, dann kämen sie in den Genuss von Subventionen und Vorteilen vieler Art.

»Aber ein Produkt mit geschützter Herkunftsbezeichnung muss mindestens drei Kommunen gehören, und wir haben versucht, die Bohne außerhalb von Controne anzubauen, aber nur hier wird sie etwas. Also behalten wir sie!«

So funktioniert der Stolz, manchmal übernimmt er die Führung, ohne Berechnung oder Nutzen. Im Leben wie im Radsport. Und als Caponigro mir erzählt, dass er als junger Mann ein guter Radrennfahrer in der U23 war, verstehe ich so einiges.

Nur eine Sache hingegen versteht Luca Paolini, dafür ist es eine sehr wichtige. Er ist Debütant beim Giro, genau wie Puccio im Rosa Trikot. Nur, dass Puccio erst 23 ist, Paolini aber schon 36. Er versteht, dass die letzte Steigung des Tages seine Chance ist. Der Stolz von Paolini ist ein spröder, rauer, er vermischt sich mit einem Versprechen, das er seinem Vater gegeben hat, der in diesem Moment im Operationssaal liegt: »Papa, wenn ich das Rosa Trikot gewinne, widme ich es dir.« Es ist einer dieser Sätze, die man so sagt, nur um sie zu sagen, aber dann vergisst man sie nie. Wie die Leute, die ihm immer wieder vorgehalten haben: »Wärst du nur etwas egoistischer, hättest du eine Menge Rennen gewinnen können.« Und am letzten Anstieg greift Paolini nun mit gesenktem Kopf an, legt alles in die Attacke hinein und auf der Zielgeraden dreht er sich mehrmals um, erst, um zu schauen, ob ihn das Feld noch einholt, und dann, um das aufregende Spektakel zu genießen, wenn der Rest der Welt hinter dir ist, aber dich nicht mehr einholen kann, weil du zu schnell bist, weil du unerreichbar bist, weil du gewinnst. Paolini hat das Rosa Trikot, die Bohnen von Controne gedeihen langsam, aber prächtig weiter, und wenn man durch Spineta Nuova kommt, findet man eine Straße, die immer wieder frisch gekehrt wird.

So ist das Leben, so ist der Radsport. Bei Sky sollten sie das so schnell wie möglich verstehen.

Ratzinger gegen Wojtyla

7. Mai, vierte Etappe:
Policastro Bussentino–Serra San Bruno

Heute habe ich sofort gespürt, dass Magie in der Luft liegt. Es könnten die Plakate entlang der Straße von Policastro gewesen sein, Werbung für Parapsychologen und Zauberer mit fabelhaften Namen: Mago di Corinto, Doctor Horus, der unheimliche Ibridos... In Capo Vaticano stellte sich dann ein sanfteres Gefühl ein, begünstigt durch die Klippen von Mantineo, auf denen in der Antike die Götter befragt wurden. Orte von überwältigender Schönheit, die einem die Gewissheit verleihen, dass etwas Größeres als man selbst existiert. Also versuche ich es, hebe den Kopf und frage die Götter, wer den Giro gewinnen wird. Der Wind weht durch die Pinien, und es scheint mir, als halle der Name Wiggins zwischen den Zweigen. Wobei, vielleicht ist es auch Nibali, ich bin nicht sicher. Um es herauszufinden, fahre ich zum Ziel, das hinter einem längeren, nicht zu unterschätzenden Anstieg liegt, durchnässt vom Regen, der den ganzen Tag wie aus Eimern vom Himmel fällt.

Und wollen Sie sehen, dass diese kalabrische Etappe, die auf dem Papier so unscheinbar aussah, tatsächlich etwas Magisches für uns bereithält? Vielleicht ja eine Attacke von Nibali, dem sizilianischen Champion: Seine Familie ist über die Meerenge von Messina herübergekommen, um ihn zu sehen, und erwartet ihn oben auf dem Gipfel. Es wäre möglich, denn mit Magie kann alles passieren. Und auch die kleine Stadt, in der die Etappe endet, Serra San Bruno, ist ein magischer Ort.

Alleine hätte ich es mit Sicherheit nicht bemerkt. Aber ich werde aufgeklärt von Mastro Nicola, der ein Bettlaken mit einem Willkommensgruß an den Giro beschriftet und vor seinem Rasiersalon aufgehängt hat. Ich sehe das Bettlaken, frage, ob ich eintreten darf, und befinde mich auf einmal in den Sechzigerjahren.

Blechbüchsen mit Pomade, alte Rasierer mit glänzenden Griffen, Kalenderblätter mit nackten Frauen. An den Wänden zahlreiche Fotos von Mailand, aber auch mehrere Schaukästen voll mit Schmetterlingen und einer mit einer Tarantel. Es seien besondere Stücke, erklärt er mir, Fragmente einer märchenhaften Gesamtkomposition, in deren Zentrum die Tarantel thronte, in der Mitte eines Spinnennetzes, in dem sich unzählige Schmetterlinge verfangen hatten.

»Ein wunderbares Objekt«, sagt er, »ein Freund hat es mir mitgebracht, als er von einer fernen Reise zurückgekehrt ist.«

»Eine Reise wohin?«

»Nach Genua«, antwortet Mastro Nicola. Dann nimmt er den Mut zusammen und entschließt sich, mir vom tragischen Schicksal dieses Geschenks zu erzählen: »Eines Tages betrat ein Teppichhändler den Salon, einen eingerollten Teppich auf seiner Schulter. Ich sagte ihm, ich könne nichts mit einem Teppich anfangen und wolle auch keinen, aber er blieb beharrlich und regte sich auf. Dabei stieß er gegen den Rahmen, der hinfiel und für immer kaputtging.«

Er senkt die Augen gen Linoleumboden, als lägen die Scherben dieses einzigartigen Objekts noch immer dort. Dann erklärt mir Mastro Nicola, dass Serra San Bruno wie das Spinnennetz sei, es fängt dich ein und lässt dich nicht wieder gehen. Er hat sein Handwerk vom großen Maestro Nazareno gelernt, der seinen Salon dreißig Meter weiter hatte. Mit einundzwanzig Jahren allerdings wurde er ungeduldig: »Ich wollte sehen, was es da draußen noch gibt, ob die Welt anders ist oder genauso wie Serra San Bruno.«

Daher ging er nach Turin, fest entschlossen, sich ein Leben dort oben aufzubauen. Aber ihm fehlten seine vertrauten Orte, seine Straßen, und nach drei Monaten kehrte er nach Hause zurück, fest entschlossen, nie wieder fortzugehen. Die Zeit verging, bis Mastro Nicola eines Morgens zwei Jahre später erneut mit dem Gedanken aufwachte, sein Glück in den großen Städten im Norden zu suchen. Also zog er nach Varedo, in der Nähe von Monza. Er packte sein Hab und Gut, verabschiedete sich von Freunden und Familie und zog von dannen. Er ging am Montag, und schon am Freitag war er wieder zurück hier in Serra San Bruno, um seinen Mitbürgern und -bürgerinnen die Haare zu schneiden und sie zu rasieren.

»Das war 1973, seit diesem Tag habe ich mich nicht mehr vom Fleck bewegt. Ich kann nichts dagegen tun, dieser Ort ist magisch.«

In der Zwischenzeit ist ein Mann in den Salon gekommen, sehr dürr und doch jung geblieben. Es ist sein Freund Domenico, der eines Tages nach Rom gezogen war, um Filmstar zu werden. Er war Statist in einem Film von Pieraccioni, aber auch er ist zurückgekehrt, zurückgerufen von der Magie des Dorfes.

Nur, dass diese Magie auf der heutigen Etappe nicht zu wirken scheint, einer Etappe, die sich emotionslos dahinschleppt, während die Fahrer ihren Job abreißen. Selbst dem Wetter ist sie egal: Ein kalter und unbarmherziger Regen geht nieder.

Eine Dame, die dem Begrüßungskomitee angehört, bietet mir ein kalabresisches Reisbällchen an und erklärt mir den Unterschied zu den sizilianischen (den ich schon wieder vergessen habe). Betrübt schüttelt sie den Kopf: »So heftig geregnet hat es auch, als der Papst hier war.«

»Welcher Papst?«

»Ratzinger. Es hat geregnet und war fürchterlich kalt. Aber ein anderes Mal ist auch Papst Wojtyla hier raufgekommen, wissen Sie das?«

»Ach ja? Und hat es da auch geregnet?«

»Nein«, sagt sie mit einem Lächeln, »an diesem Tag hat herrlich die Sonne geschienen.«

Unterdessen lichtet sich im Finale auch das Feld: Wenige Kilometer vor dem Ziel, stärker als der prasselnde Regen, setzt sich Danilo Di Luca ab. Die Dogge aus den Abruzzen attackiert, wie nur er es kann. Wütend, den Kiefer wie Steine zusammenpressend. Viele hielten ihnen schon für einen Ex-Profi, er ist vor dem Giro nicht viele Rennen gefahren und es schien unmöglich, dass er alleine vor allen anderen das Ziel erreicht. Jetzt scheint es doch möglich, während er mit gesenktem Kopf und mörderischer Kraft in die Pedale tritt.

Leider holt das Feld ihn ein, der Traum endet und ich finde mich schon mit einem Massensprint ab, aus dem einer der üblichen Kandidaten als Sieger hervorgeht, einer der Fahrer, die schon am Vorabend als Favoriten vorausgesagt wurden.

Als plötzlich, wie aus dem Nichts, Enrico Battaglin, 24 Jahre alt, den Entschluss fasst, dass nun der Moment gekommen ist, um Champion zu werden. Außergewöhnlich erfolgreich in den Nachwuchsklassen, gilt Battaglin mittlerweile als eine dieser großen Verheißungen für die Zukunft, für die die Zukunft einfach nie zu kommen scheint. Aber heute, auf der Ziellinie von Serra San Bruno, kommt sie.

Während weiter hinten der Favorit Wiggins siebzehn Sekunden durch einen Sturz verliert, steigt ein Junge in die Pedale und entfacht einen so mächtigen Sprint, dass er die Gruppe aus den Angeln hebt. Er ist als Junge losgefahren, überquert die Ziellinie und wird zum Mann.

Ich habe es doch tatsächlich gespürt, dass da heute Magie in der Luft liegt.

Der Terror von Taschkent

8. Mai, fünfte Etappe: Cosenza–Matera

In gewisser Hinsicht hat die heutige Etappe von Cosenza nach Matera für mich nicht stattgefunden. Denn vor dem Start habe ich, als ich auf der Suche nach einer Ansichtskarte des Sila-Massivs auf der Piazza dei Bruzi umherschlenderte, plötzlich einem meiner größten Helden gegenübergestanden, und der Rest des Tages ist an mir vorbeigezogen, ohne für mich wirklich zu passieren.

Dabei hätte es eigentlich genug Material gegeben, auf der zweihundert Kilometer langen Reise durch herrlichste Kulissen, in die ich mich zunehmend verliebe, eine extreme Form von Provinz, eine lange Kette märchenhafter kleiner Dörfer zwischen Kalabrien und Basilikata. In einem von ihnen – leider habe ich mir den Namen nicht notiert, aber es liegt in der Nähe von Trebisacce – fahren wir an einem abgelegenen Zeitungskiosk vorbei, der mitten im Nirgendwo steht, in einer engen Kurve, sodass bestimmt jeden zweiten Tag ein Auto hineinkracht. Und da ich in Cosenza keine Postkarten gefunden habe, halte ich an und frage die Kioskbesitzerin, ob sie welche hat.

Sie aber, in einem Ton irgendwo zwischen Unglauben und Verzweiflung, fährt mich an:»Postkarten? Postkarten wovon?« In dem Glauben, dass ich sie auf den Arm nehmen will, schickt sie mich mit einer schroffen Handbewegung weg.

Ich gehe zum Auto zurück und wir fahren weiter, mit einem Enzo, der mich auslacht, weil er mir genau das prophezeit hat: »Was für Postkarten willst du denn *hier* finden?« Ihm bleibt ungefähr genug Zeit, um zehn oder zwanzig Mal zu wiederholen:»Ich hab's dir gesagt. Ich hab's dir doch gesagt!«, bis wir auf der einzigen Straße des Dorfes dessen Zentrum erreichen, wo uns ein aufsehenerregendes Schild vor einem Geschäft erneut zum Anhalten veranlasst:

CDs – KASSETTEN – 8-SPUR-KASSETTEN

Die Rollläden sind heruntergelassen, das Geschäft ist geschlossen, aber das Herz geht mir auf bei der Vorstellung von all den großartigen Schätzen, die hinter dem Eisengitter existieren könnten. Ich blicke mich um, und die einzige geöffnete Attraktion ist eine Bar, in der sich nur ein Mann befindet, der hinter dem Tresen Gläser spült.

»Entschuldigung, ich benötige eine Information, ich würde gerne wissen, wann der Plattenladen heute öffnet.«

Und er, ohne den Blick von den Gläsern zu nehmen:»Wenn es wie die letzten dreißig Jahre läuft, gar nicht.«

Desillusioniert gehe ich zum Auto zurück und verabschiede mich für immer von den wunderbaren Mysterien, die dort drinnen seit dreißig Jahren aufbewahrt werden.

Der einzige Trost ist, dass wir schnell auf den Zielort Matera zusteuern, wo ich noch nie gewesen bin, obwohl alle sagen, die Sassi di Matera, die Höhlensiedlungen in den Felsen, seien wunderschön. Zu dieser besonderen Gelegenheit kommt noch hinzu, dass Matera einer der wenigen Orte ist, an denen auch Enzo noch nie gewesen ist, was wirklich unglaublich ist, denn nach einigen gemeinsam verbrachten Tagen und seinen Geschichten wird mir zunehmend klar, dass Enzo praktisch alles getan und alles gesehen hat, was es auf diesem Planeten gibt.

Enzo war früher mal Präsident des Fußballvereins Savona Calcio und später auch des Basketballklubs von Savona. Er war Vorsitzender des Verbandes italienischer Wohnungsverwalter und hat eine gemeinnützige Organisation namens »Die Reiskörner« gegründet. Mitte der Neunzigerjahre kämpfte er darum, mit den Christdemokraten ins Parlament einzuziehen, zur gleichen Zeit, als er als Importeur für Obst aus Spanien tätig war, allesamt Aktivitäten, die er wenig später aufgab, um Eis in Brasilien zu produzieren.

An allen Orten, an denen wir bisher vorbeigekommen sind, ist Enzo bereits gewesen und kennt sie sehr gut, und er erzählt mir von tausend Besonderheiten, und manchmal kommt mir ein Verdacht, dass er sich das alles vielleicht nur ausgedacht haben könnte, aber dann kommen wir an und es ist tatsächlich genauso, wie er es beschrieben hat.

Als sich also herausstellt, dass nicht einmal Enzo schon mal in Matera gewesen ist, bricht im Auto Begeisterung aus, der Fuß drückt das Gaspedal durch und wir rasen unter der Sonne hinweg, die den langen Weg bis ins Ziel bescheint.

Doch als wir endlich dort ankommen, bricht in Matera ein Unwetter los. Eine surreale Erscheinung, so viel Wasser habe ich noch nie vom Himmel kommen sehen. Es sind keine Tropfen, es sind keine Eimer voll, das Wasser hat wirklich den Raum der Luft eingenommen, sodass sich die Welt in eine Art Aquarium verwandelt.

Die Straßen werden zu Sturzbächen, die Treppen zu Wasserfällen, die einen wie eine Ohrfeige zu Boden werfen. Die Höhlensiedlungen befinden sich am Ende einer schmalen Straße, das wir zwar mit dem Auto erreichen, aber wir können nichts sehen. Es ist ungefähr so, als wenn man versuchen würde, ein U-Boot unten auf dem Meeresgrund zu erkennen. Wir halten am Ende der Straße an, und genau in diesem Moment klingelt das Handy, und es ist Daniele Dallera, der Chefredakteur des Sportressorts beim *Corriere*. Ich gehe ran, und währenddessen zieht sich Enzo eine Plastiktüte über den Kopf, verabschiedet sich und wagt sich aus dem Auto heraus. Nach ungefähr einer Minute steigt er wieder ein, Stücke der Plastiktüte kleben an seinem durchnässten Pullover.

»Wo warst du?«

»Mir die Höhlensiedlungen angucken.«

»Und, wie sind die so?«

»Es sind Höhlensiedlungen«, sagt er, während es von seinem Kopf herabtropft. Im Rückwärtsgang und mit spritzenden Reifen machen wir uns wieder auf den Weg.

Bei diesem Regen ist es nicht mal möglich, sich an die Straße zu stellen und die Ankunft der Etappe zu verfolgen. Zum Glück finden wir ein geöffnetes Geschäft, die Metzgerei Casamìa, der Hausherr ist nett und bittet uns herein, so können wir das Rennen auf einem kleinen Fernseher im Hinterzimmer verfolgen, zwischen Rippenstücken, Salamis und Beefsteaks. Ein würdiger Abschluss eines absurden Tages.

Aber all diese Dinge sind mir heute eben nur bruchstückhaft und verschwommen geschehen, wie ein Rausch, den man nach einer Überdosis Peperonata erlebt. Denn heute Morgen in Cosenza ist mir eine unglaubliche Sache passiert, die mich in einem verwirrten und verlorenen Zustand zurückgelassen hat, der auch jetzt noch anhält, während ich dies schreibe.

Ich spazierte auf der Piazza dei Bruzi umher, als aus einem roten, zum Tross des Giro gehörenden Auto ein kleiner, kompakter Mann ausstieg, mit einem Haarschnitt irgendwo in der Mitte zwischen Siebzigerjahre-Hardrock-Bassist und mittelalterlichem Pagenschnitt. Ist er es? Ist es möglich, dass er es wirklich ist? Oder ist es nur ein Doppelgänger, der sich damit rühmt, wie eine der größten Legenden auszusehen, die uns Usbekistan je geschenkt hat?

Mein Blick kreuzt den seinen, und diese schwarzen, sengenden, wütenden Augen des Wahnsinns nehmen mir jeden Zweifel. Ja, er ist es, Dschamolidin Abduschaparow, der Terror von Taschkent.

In den 1980er Jahren und zu Beginn der Neunziger hat dieser komplizierte Name die Herzen der Radsportfans entflammt und die Furcht seiner Gegner geschürt. Seine legendären Sprints kannten keine gerade Linie, sondern besaßen unvorhersehbare Flugbahnen. Muskulöse Knie und ein Fahrrad, das hin- und hergeworfen wurde, während er mit gesenktem Kopf in die Pedale trat. Diesem Mann in einem Zielsprint zu nahe zu kommen, war, wie sich mit einer Motorsäge die Haare zu schneiden: eine hohe Wahrscheinlichkeit, sich zu verletzen. Denn er erkannte den Hauch einer Lücke, wenn niemand sonst sie sah (manche behaupten, er sei mit geschlossenen Augen gesprintet), und zwängte sich bei voller Geschwindigkeit hinein. Mut, der zuweilen an Wahnsinn grenzte, aber auch Genialität. Das war Abdu. Eine Etappe beim Giro gewonnen, neun bei der Tour de France, sieben bei der Vuelta a España. Und nach jedem Sieg stieg er mit düsterem Gesichtsausdruck aufs Treppchen, völlig unberührt von den Wangenküssen der Hostessen, allergisch gegenüber jedem Lächeln, mit seinem stechenden Blick, der einen von jenseits eines in Stein gemeißelten Gesichts anschaute.

Deshalb gestehe ich, dass ich heute Morgen, als ich ihn aus dem Auto der Rennjury steigen sah, durchaus ein bisschen Angst hatte, mich ihm zu nähern. Es heißt, als einziger Moslem im Peloton habe er seinerzeit weder zu den anderen Fahrern Kontakt gehabt noch überhaupt zu anderen menschlichen Wesen. Ich mache mir dennoch selbst Mut und gehe auf ihn zu und grüße ihn mit einem Lächeln. Er antwortet nicht. Ich stelle mich vor ihn und strecke die Hand aus, er schüttelt sie für den Bruchteil einer Sekunde und fixiert mich dann bewegungslos mit seinem steinernen Blick, während ich einige gequetschte Worte stammele, in dem Versuch, ihm verständlich zu machen, dass er einer meiner größten Helden ist.

Doch meine Begeisterung rührt ihn nicht, die Komplimente noch weniger. Ich bin drauf und dran, es aufzugeben und wieder zu verschwinden, da bemerkt Abdu auf meiner Tasche das Abzeichen des Fischereivereins von Forte dei Marmi. Er zeigt darauf und lächelt, und wir stellen fest, dass wir beide die gleiche große Leidenschaft fürs Angeln teilen. Da ändert sich alles, und der Terror von Taschkent wird der liebenswürdigste Mensch, den man sich nur vorstellen kann.

Er erzählt mir, dass er sich, auch damals, als er Radprofi war, in seiner Freizeit die Angel geschnappt hat und runter zum Fluss gegangen ist, um sich zu entspannen: »Es half mir, mich vom Stress der Rennen zu lösen. In dieser Zeit waren Sprints eine harte Sache, ein Kampf Mann gegen Mann. Es gab keine Sprintzüge, keine Mannschaften, die ihrem Kapitän den Sprint anzogen und ihn beschützten. Damals war es ›Jeder gegen jeden‹, es war eine Frage der Kraft, aber auch des Charakters. Jungen Fahrern sage ich immer, dass sie an sich glauben müssen. Immer! Manche kommen dem Ziel nahe und hängen sich dann doch nicht voll rein, weil es ihnen aussichtslos erscheint, weil ihre Beine nicht mehr können oder weil ihnen die Zielankunft nicht perfekt erscheint, und sie reden sich ein: ›Ach, vielleicht klappt es ja beim nächsten Mal...‹ Stattdessen müssten sie es einfach versuchen, denn Radrennen sind wie das Leben, auf den perfekten Moment zu warten, ist nur eine andere Art und Weise, gar nichts zu tun.«

Er hat sicherlich recht, doch wir alle wünschten uns seinen Mut. Wenn man sich die Zielsprints von Abdu anschaut, bekommt man es heute noch mit der Angst zu tun. Ich erinnere mich an die denkwürdige letzte Etappe der Tour de France 1991, als der Terror von Taschkent schon das Grüne Trikot sicher auf den Schultern hatte und die Aussicht hätte genießen können, ohne etwas zu riskieren. Aber bei der chaotischen Zielankunft auf den Champs Élysées will er nicht weniger als gewinnen, er schlüpft in einen schmalen Spalt direkt entlang der Absperrgitter, eine Lücke, die es praktisch kaum gibt, stößt gegen eine überdimensionale Coca-Cola-Werbedose, fliegt mit einem mörderischen Salto durch die Luft, schlägt auf dem Asphalt auf und bricht sich das Schlüsselbein.

Der Zielsprint ist verloren, doch das Grüne Trikot erwartet ihn noch, es würde reichen, dass Abdu sich irgendwie über die Ziellinie rettet, die sich hundert Meter weiter befindet. Okay, ganz einfach ist das nicht, denn er liegt bewusstlos auf der Straße. Aber für einen Abduschaparow ist Bewusstlosigkeit kein Hindernis, er taucht in die Ohnmacht ab, fängt sich dann aber nach ein paar Minuten und bringt die Etappe aus eigener Kraft zu Ende, von seinen Teamkameraden eskortiert.

Mein Onkel Aldo behauptete felsenfest, dass dieses Ding von Coca-Cola, Symbol des zügellosen Kapitalismus, absichtlich dort platziert wurde, um den Sieg des sowjetischen Sportlers zu verhindern. Ich machte ihn darauf aufmerksam, dass seine Theorie hinkte, angesichts der Tatsache, dass die Etappe letztendlich von Dmitri Konyschew gewonnen wurde, einem weiteren Fahrer aus der UdSSR, und mein Onkel erklärte mir, dass das daran gelegen hätte, dass sich sowjetische Kraft und Stärke nicht durch kapitalistische Sabotagen aufhalten ließe.

»Aber es ist nicht nur Kraft«, erklärt mir Abdu, »auch Mut zählt hier sehr viel, und den habe ich von dem Ort, an dem ich geboren wurde. Dort ist das Leben genauso, jeden Tag gibt es Schwierigkeiten, das ist normal, aber es ist auch normal, sie zu überwinden oder es zumindest bis zum Schluss zu versuchen. So leben wir bei uns zu Hause. Aber vielleicht ist es überall so, ohne Mut lebt man nicht wirklich.«

Ein Mut wie der seine ist offenbar ansteckend. Denn anstatt ihm zu danken und mich rasch zu verabschieden, solange er mich am Leben lässt, entscheide auch ich mich, das Wagnis einzugehen. Ich befrage ihn also zu den unzähligen Legenden, die sich um sein Leben ranken, seit er sich zur Ruhe gesetzt hat: Jemand will ihn in einer Autowerkstatt in Bergamo haben arbeiten sehen, manch einer schwört, er fahre in Sibirien Taxi, einer habe gehört, er lebe mit Mönchen in einem verborgenen Kloster in Transsilvanien. Aber die Geschichte, die mich am meisten fasziniert, ist seine angebliche Leidenschaft für Brieftauben, also frage ich ihn danach. Und anstatt sauer zu werden, überschlägt sich Abdu vor Begeisterung: »Oh ja, das ist eine Leidenschaft, die ich habe, seit ich ein kleiner Junge bin. Ich züchte noch immer. Ich könnte das nie aufgeben. Es ist so schön, die Tauben zu sehen, wie sie aufbrechen, und zu wissen, dass sie dort ankommen werden, wo sie hinmüssen.«

Er sieht mich nicht mehr an. Mit seinen schwarzen, durchdringenden Augen blickt Abdu zum Himmel, auf einen Punkt, den nur er sehen kann. Es ist das, was ich immer über den Terror von Taschkent vermutet habe. Dass seine unkontrollierten Sprints in Wahrheit nie verrückt waren. Sondern dass er auf ein sehr konkretes Ziel hinsteuerte, eine Destination, die wir nicht begreifen konnten, er aber schon, und er stürzte sich mit geschlossenen Augen darauf. Und viele Male erreichte er sein Ziel, genau wie seine Brieftauben.

Ich bin ein bisschen gerührt, schüttele ihm die Hand, und dann kommt Enzo und macht ein Foto von mir, Arm in Arm mit meinem liebsten Champion. Als ich ins Auto steige, schaue ich es mir noch einmal an. Ich sehe zwei glückliche Männer.

Ein poetisches Intermezzo

Wunderschöne Orte im Herzen Kalabriens, an die ich nie wieder zurückkehren werde

»Hören Sie, wenn Sie mir versprechen, dass die Sache zwischen uns bleibt, könnte ich Sie zum Geburtshaus von Mimmo Minnini bringen.«
Diese Worte dringen an mein Ohr, während ich im Zielort einer kalabrischen Etappe esse, was ich in die Finger bekomme. Wie üblich haben wir unzählige Male angehalten, um uns alle möglichen Dinge entlang der Strecke anzusehen, sind als Letzte angekommen, und ich habe mir auf den Teller geschaufelt, was von der Meute übrig gelassen wurde, die schneller war als ich. Melanzane alla Parmigiana neben einem Obstkuchen, ein paar Scheiben kalabrische Schweinswurst neben Tiramisu.
»Im Magen vermischt sich sowieso alles«, sagte meine Oma immer, die Biscotti zusammen mit Frittata aß. Und ich tue es ihr gleich, schlinge Wurst und Gebäck zusammen herunter und tue es mit Genuss. Wirklich, ich esse mit großem Appetit, als diese Worte mit leiser Stimme in meinem Kopf ankommen: »Wenn Sie mir versprechen, dass die Sache zwischen uns

bleibt, könnte ich Sie zum Geburtshaus von Mimmo Minnini bringen.« Ich drehe mich mit einem Ruck zu dem Sechzigjährigen mit Jacke und Krawatte um, der mir dies gerade zugeflüstert hat, und der Happen bleibt mir im Halse stecken.
»Entschuldigung, was haben Sie gesagt?«
»Guten Tag, der Herr, ich bin XXX, Stadtrat aus YYY. Ich sagte, ich kann Sie...«, und bevor er weiterredet, schaut er sich um, um sicherzugehen, dass auch niemand ihm zuhört, »... zum Geburtshaus von Mimmo Minnini bringen.«

Genauso sind sie, die Banketts am Ende der Etappen: Sie quellen über vor lauter Bürgermeistern und Ratsherren, vor Verantwortlichen und Delegierten und unzähligen weiteren kleinen Liebhabern der Macht. Sie kommen aus allen kleinen Ortschaften zusammen, die das Rennen am jeweiligen Tag passiert hat, und selbst wenn sie – wie dieser spezielle Stadtrat – nicht einmal die Strecke besucht haben, schauen sie hier selbstverständlich vorbei.

Die Vorbeifahrt des Giro bedeutet große Unkosten für die Gemeinden, und folglich sollte das Potenzial im Hinblick auf die Vermarktung der Region voll ausgenutzt werden. Aus diesem Grund stürzen sich Bürgermeister und Stadträte, die schon von Natur aus viel Zeit auf Bühnen und Podien verbringen, in diese Situationen, im verzweifelten Versuch, die Aufmerksamkeit der Journalisten zu erhaschen, ihnen einen Artikel zu entlocken, in dem ihr Dorf namentlich erwähnt oder sogar eine ihrer Äußerungen mit Anführungszeichen versehen wird. Journalisten sind allerdings ziemlich gewieft und schaffen es, ihnen schnell aus dem Weg zu gehen. Nur, dass ich halt kein Journalist bin und außerdem die echten Journalisten, allen voran mein Kollege Tomaselli, diese Anfragen direkt zu mir umleiten. Ob es nun der Vorsitzende der Freunde des apenninischen Steinpilzes ist, der sie anspricht, oder ein bildender Künstler, der in einer Hütte am Gipfel des Aspromonte lebt und nur Kohlköpfe und Paprika malt, wie ein Akt der Anklage gegen jeden, der Fleisch isst, sofort erwidern die Kollegen im Pressetross: »Ach, sehen Sie, es gibt einen Schriftsteller, der den Giro für den *Corriere* verfolgt, es ist dieser Herr dort drüben. Gehen Sie zu ihm, es wird ihn sicherlich interessieren.«

Das Resultat ist, dass ich in den Dörfern am Etappenziel niemals in Ruhe essen kann, und auch manches Nachtmahl kann sich als problematisch erweisen. So wie das eine Mal im Hotel in Pescara, wo sie mich noch um elf Uhr abends beim Essen ausfindig gemacht haben: Ich saß ganz allein in einem Restaurant voller Fremder, da kam ein Mann mit seiner vierzehnjährigen Tochter an und ließ sie neben meinem Tisch Aufstellung nehmen. »Leg los!«, sagte er, und das arme Mädchen, das zu Fuß hergelaufen war, trug eine wackelige, aber vollständige Version von Eduardo de Creszenzos *Ancora* vor.

Und so verharrte ich vier unendliche Minuten lang mit der Gabel in der Luft, inmitten der Verlegenheit eines jungen Mädchens, das vor einem Saal voller Leute zu mir sang: »*Ancora, ancora, ancoraaaa, perché io da quella sera non ho fatto più l'amore senza teeee!*«[1]

Und so geht es weiter, Etappe für Etappe, von Süden nach Norden, mit Feuerwehrmännern, die Mike Bongiorno imitie-

---

[1] »Noch einmal, noch einmal, noch einmal, denn seit diesem Abend habe ich nicht mehr Liebe gemacht ohne dich...«

ren, Gemeinderäten, die sich im Breakdance versuchen, Pressebeauftragten, die danach lechzen, sich zu präsentieren, und einem, der sich vorstellt als »Bürgermeister, aber vor allem Elvis-Presley-Imitator, oder Little Tony, ganz wie Sie wollen!«

Nicht zu vergessen eben jener Stadtrat, der mir nun mit großer Geheimnistuerei einen Besuch des Geburtshauses von Mimmo Minnini vorschlägt. Ich sollte mit dem Kopf schütteln, mir eine Ausrede einfallen lassen und mich befreien, aber es gelingt mir nicht.

Denn, ich gestehe, ich bin ziemlich ignorant, und es gibt riesige Themenkomplexe, von denen ich absolut keine Ahnung habe. Zum Beispiel die Malerei, die Bildhauerei, die bildenden Künste im Allgemeinen. Und dann die Politik, die Wissenschaft, das Theater, die klassische Musik... Kurzum: Dieser Mimmo Minnini könnte ein ganz Großer sein. Dass ich seinen Namen noch nie gehört habe, hat nichts zu bedeuten, es mehrt sein Renommee weder noch schmälert es dieses.

Also bleibe ich einfach sitzen, zum Stadtrat hingedreht und mit aufgerissenen Augen, in einem beschämten Schweigen, das er wohl mit Interesse verwechselt, angesichts der Tatsache, dass ich mich wenige Momente später in seinem Wagen wiederfinde und wir geradewegs zum Geburtshaus von Minnini aufbrechen.

Kurz bevor wir das Dorf verlassen haben, habe ich mich mit der Entschuldigung, ich müsse mal kurz zur Toilette, in den Presseraum zurückgezogen und ihn bei Google gesucht. Denn auf Google findet man schließlich alle. Egal, ob einer zum Fernsehen gegangen ist oder jemanden umgebracht hat, auf Google findet man alle, so einfach ist das. Sogar meine Mutter, auf einer Liste von Leuten, die 2012 für das Fest der Madonna eine Wegkapelle dekoriert haben.

Mimmo Minnini dagegen nicht. Kein einziger Suchtreffer für Mimmo Minnini.

In meinem Kopf herrscht also weiter Finsternis, während draußen die brennende Sonne durch die Windschutzscheibe sticht und mir der Stadtrat von typischen Gerichten dieser Region erzählt, auf der einsamen Landstraße durch die Wälder zum Geburtshaus von Minnini. Der vielleicht deshalb nicht auf Google zu finden ist, da er vor vielen Jahrhunderten gelebt hat, eine Persönlichkeit, die nie mit der technologisierten Gesellschaft des Internets in Berührung kam. Ein mittelalterlicher Madrigalist vielleicht, ein mysteriöser Maler aus dem zweiten Jahrhunderts, wer weiß.

Wir parken in der Einfahrt des Hauses, ich gehe um einen aufblasbaren Swimmingpool herum und finde mich vor einem gelb gestrichenen Siebzigerjahre-Landhaus wieder. Wir treten ein, und im Flur zeigt mir der Stadtrat eine mit Blumen bemalte Truhe.

»Sehen Sie dieses Möbelstück?«, fragt er mich flüsternd, obwohl wir alleine im Haus sind oder vielleicht sogar im Umkreis von mehreren Kilometern. »In diesem Möbelstück befinden sich drei poetische Erzählungen von Minnini, die nie veröffentlicht wurden.«

Ich zucke zusammen. Nicht wegen der unveröffentlichten Werke, sondern weil ich jetzt zumindest weiß, dass Mimmo Minnini ein Dichter war. Sehr gut. Ein bisschen weniger gut, als der Stadtrat mich fragt, ob ich vielleicht Verleger kenne, die an der Veröffentlichung dieser Erzählungen interessiert sein könnten.

»Schauen Sie, ich rate Ihnen, am besten die Verleger zu kontaktieren, die die bisherigen Werke des Schriftstellers veröffentlicht haben. Ich bin mir sicher, dass sie auch diese Erzählungen wollen, um das gesamte Werk Minninis in ihrem Programm zu haben.«

Der Stadtrat schüttelt den Kopf, und in einem Ton, halb empört, halb beruhigend, erwidert er: »Oh nein, Minnini ist bisher gänzlich unveröffentlicht.«

Es folgt eine lange Stille, die ich versucht bin, mit einem Vortrag über die Kurzsichtigkeit der italienischen Verlegerschaft zu füllen, die zu blind war, das Talent von Minnini zu erkennen und ihn in der Desillusion und Anonymität hat sterben lassen.

Da hellt sich die Miene des Stadtrats auf: »Sie haben recht, ja, seine Worte sind gewissermaßen heilig. Warum sagen Sie ihm das nicht direkt?«

»Bitte, wem denn?«

»Minnini!«

»Ah, also ist er noch lebendig!«

»Lebendigst! Packen wir den Stier bei den Hörnern, heute Abend sind Sie mein Gast, zusammen mit Mimmo.«

»Oh nein, danke, ich will Ihre Gastfreundschaft nicht überstrapazieren.«

»Ganz im Gegenteil, es ist mir eine Freude, so lernen Sie ihn persönlich kennen.«

»Aber ich möchte ihn nicht stören, vielleicht hat der Maestro gar keine Lust…«

»Und ob der Maestro Lust hat, wenn ich es Ihnen doch sage. Sehen Sie, ich kann ihn sofort rufen, da zwischen uns doch große Vertrautheit herrscht.«

Ziemlich große Vertrautheit sogar, denn, wie sich beim Abendessen herausstellt, ist Mimmo Minnini sein Cousin.

Da sitzt er nun, Minnini: ein Mann in seinen Siebzigern, mit zurückgekämmten, tiefschwarz gefärbten Haaren, vollen Augenbrauen und einem Bart unter einer gigantischen Stirn, die an eine Regenrinne erinnert. Eine Art Giosuè Carducci, nur stärker gebräunt und ohne die schielenden Augen.

Und er redet nicht. Minnini öffnet den Mund nie und lächelt kein einziges Mal. Er sitzt mir gegenüber und blickt mich nur an. Mit uns am Tisch sitzt sein Cousin, der Stadtrat, und ein anderer Mann, von dem ich nicht weiß, wer er ist, der aber sogar noch stiller ist als der Maestro.

Was daran liegt, dass Minnini dann und wann, nachdem er einen Moment lang die Hand erhoben hat, um meine Aufmerksamkeit zu bekommen, die Stille unterbricht und mit Begeisterung eines seiner Gedichte vorträgt. Typische Verse eines dilettantischen Dichters, voller recherchierter und veralteter Wörter, pompöser Satzbau, ein Schwelgen in historischem Perfekt, nur so wimmelnd von »alsdann« und Adjektiven wie »taubenetzt« oder »gramvoll«.

Am Ende jeder Slave von Versen fährt Minnini fort, mich mit seinem Blick zu fixieren, und mit ihm der Stadtrat und der dritte, mysteriöse Gast, ernsthaft und ruhig. Und ich, der ich schließlich nicht alleine applaudieren kann, ziehe es vor, einen Gesichtsausdruck zwischen Betroffenheit und Erschütterung aufzusetzen, lege die Hand auf meine Brust und bringe Sätze hervor wie: »Dieses hat mich besonders berührt, ganz außergewöhnlich, es ist von überwältigender Intensität.«

Minnini stimmt mir jedes Mal zu, aufmerksam und mit großem Nachdruck. Anschließend fängt er wieder an, Spaghetti und Fleisch und Kartoffeln herunterzuschlingen, als gäbe es kein Morgen. Am Ende des Abends, bestimmt schon kurz vor Mitternacht, ziehen sich der Stadtrat und der Maestro im Haus zu selbstgebrannten Schnäpsen zurück, und ich trete den langen Rückweg zum Hotel an, in Begleitung des dritten, mysteriösen Mannes, der auf der dunklen Landstraße durch Wälder und Felder weiterhin schweigt. In dem Versuch, die Konversation in Gang zu bringen, sage ich ihm, wie schön der Abend doch war, dass man nirgends so gut isst wie im Süden, ich lasse mich sogar dazu hinreißen, das Thema Frauen anzuschneiden, was eigentlich immer funktioniert... Aber das Maximum, das ich ihm entlocke, ist ein völlig aussageloses Grummeln in der Kehle, die Augen noch immer auf die Straße gerichtet.

Er löst sie erst von dort, als wir vor dem Hotel ankommen, schaut mich fest an, und in diesem Moment, man glaubt es kaum, spricht der dritte Mann mit mir.

»Also können wir unseren Mimmo morgen auf der ersten Seite des *Corriere* finden?«

Er meint das absolut ernst, sagt nur diesen einen Satz, und es ist klar, dass er nichts hinzufügen wird. Ich blicke ihn an, versuche zu atmen, aber schaffe es nicht, und so gelingt es mir auch nicht, eine Antwort zu finden, die nicht allzu weit von der Wahrheit entfernt liegt, aber auch nicht zu hart klingt. Doch wer schert sich schon um die Wahrheit, die Wahrheit bringt einen nur in Schwierigkeiten. Ich scheuche sie weg, versuche zu lächeln und antworte: »Aber sicherlich. Um genau zu sein, gehe ich jetzt sofort hoch auf mein Zimmer, um den Artikel zu schreiben.«

Er sagt nichts, bewegt sich nicht, während ich die Beifahrertür öffne und aussteige, er fixiert mich nur noch ein bisschen, bevor seine Augen zur Straße zurückkehren und sich der Wagen in Bewegung setzt.

Ich bleibe einen Augenblick auf der Straße stehen, sehe, wie er in der Nacht verschwindet, hole mein Telefon heraus und Rufe Enzo auf seinem Handy an... das leider nicht eingeschaltet ist. Also gehe ich zur Rezeption und frage, in welchem Zimmer er schläft, gehe hoch und klopfe an die Türe.

Nach ein paar Minuten öffnet er mir, zerzaust und mit verschlafenen Augen.

»Enzo, wann fahren wir morgen früh los?«

»Um neun. Wir hatten doch neun gesagt, oder?«

»Ja, aber, wenn es irgend geht, würde ich lieber etwas früher losfahren, okay? Sagen wir, um sieben.«

»Um sieben? Das ist aber sehr früh, neun reicht doch, wir haben alle Zeit der...«

»Nein, nein, wir sehen uns hier um sieben und fahren los, ich erkläre es dir später.«

Enzo schläft praktisch noch und hat nicht die Kraft, zu diskutieren, er nickt nur, macht die Tür zu und geht zurück ins Bett. Am nächsten Morgen, um punkt sieben, verlassen wir das Hotel, noch bevor die Sonne die Welt erhellt und die Zeitungen an den Kiosken eintreffen.

Kurzum, es tut mir im Herzen weh, aber das alles bedeutet, dass es zauberhafte Orte in Kalabrien gibt, an die ich leider nie zurückkehren werde.

Jubeln verboten

9. Mai, sechste Etappe: Mola di Bari–Margherita di Savoia

Sind wir mal ehrlich, Massensprints gefallen niemandem. Sicherlich, wir brauchen sie, die Etappen, die im Sprint entschieden werden, aber sie sind wie Gemüse auf dem Speiseplan von Kindern: Sie müssen es essen, aber tut bitte nicht so, als würde es sie glücklich machen.

Und der Strecke des heutigen Tagesabschnitts, flach wie das Meer, das uns vom Anfang bis zum Ende begleitet, steht ins Gesicht geschrieben, dass es sich um eine Etappe handelt, die aus Gemüse besteht. Auch wenn die Dörfer entlang der Straße vor Schaulustigen explodieren und die Polizei Mühe hat, ihren fantastischen Trubel im Zaum zu halten.

In Bari wird in diesen Tagen der heilige Nikolaus gefeiert. Heute Abend in der Basilika wird man erfahren, ob der Heilige die »Manna« gespendet hat, eine durchsichtige und duftende Flüssigkeit, die auf wundersame Weise aus seinen Knochen gewonnen und anschließend verdünnt und in Fläschchen abgefüllt wird zum Gebrauch durch die Gläubigen. Fest steht, dass es gestern Abend ein Lichterfest zu seinen Ehren gab, und deshalb hat der Giro die Strecke leicht verändert, er entfernt sich nun von der Straße am Meer, um die Fahrer nicht über einen rutschigen Streifen Wachs zu schicken. Es ist nur ein kurzes Intermezzo, dann geht es zurück auf das sonnenbeschienene Plateau direkt an der Küste, die von Mola zu den Salinen von Margherita di Savoia führt, wo Flamingos leben, die die Natur (wahrscheinlich mit Einverständnis der Marketingabteilung des Giro-Veranstalters) rosa gefärbt hat.

Aber die Flamingos warten erst im Ziel, und in der Zwischenzeit trägt nur einer Rosa am Leib, der Gesamtführende Luca Paolini, der auf dieser Etappe nichts riskiert, wodurch es ihm jemand entreißen könnte. Nein, heute scheint es sehr, sehr wahrscheinlich, dass rein gar nichts passieren wird: Der Weg zu den Salinen verspricht keine großen Emotionen, doch um es etwas spannender zu machen, sichere ich mir einen Platz im Begleitfahrzeug eines Verantwortlichen vom chinesischen Fernsehen, der den Giro besucht.

Enzo gefällt das gar nicht. Er muss die Etappe alleine hinter sich bringen, wem also wird er seine Lebensgeschichten erzählen, wem wird er die Gerichte aufzählen, die ihm schmecken, und die, die er nicht mag? Doch seine Verstimmung hält nur so lange an, bis ihm bewusst wird, dass er ohne mich für Fotostopps anhalten kann, so oft er will, und dass er bei seinem Lieblingsrestaurant zu Mittag essen und so lange am Tisch sitzen bleiben kann, wie es ihm gefällt. Er sagt, er fände die Idee mit dem chinesischen Kollegen sinnvoll, wünscht mir viel Glück, steigt ins Auto und entschwindet mit quietschenden Reifen.

Und ich finde mich auf dem Rücksitz dieses anderen Autos wieder, in den wenigen Raum gequetscht, den der wichtige

Gast, der ganz schön rundlich ist, und sein gigantischer Laptop und eine mysteriöse schwarze Reisetasche mir lassen. Der Chauffeur hatte schon angeboten, sie in den Kofferraum zu verfrachten, doch der Mann vom Fernsehen wollte sie unbedingt neben sich behalten, wie er in seinem brüchigen Englisch schroff betonte, untermauert durch Kopfschütteln.

Mit perfektem Timing verfolge ich die Etappe just an dem Tag in seiner Gesellschaft, an dem Ji Chen, der erste chinesische Radprofi in der Geschichte des Giro, angetreten mit dem Ziel, sein Land zu ehren, indem er es bis zum Ende der Rundfahrt schafft, überraschend nicht mehr am Start steht.

Dies könnte der Grund dafür sein, dass der chinesische Fernsehmann hin und wieder ein Funkgerät aus seiner Windjacke zieht und vehement und sehr ernsthaft Dinge, die ich nicht verstehe, hineinspricht, zu jemandem, der nur zuhört und nie antwortet. Ich frage ihn vorsichtig, was er davon hält, dass sein Landsmann das Rennen aufgegeben hat, und er sieht mich böse an, beobachtet mich lange, bevor er sagt: »Ji Chen hat niemals aufgegeben.«

Na super, ich habe ihn mir zum Feind gemacht, noch bevor wir losgefahren sind. Aber vielleicht kann ich es wieder gutmachen, indem ich den Kopf schüttele und mich entschuldige, ach, was war ich doch nur für ein Idiot, einer solchen Nachricht Glauben zu schenken. Man fährt nie gut damit, sich auf die offiziellen Nachrichten und Bekanntgaben der Rennjury zu verlassen. Nein, Ji Chen hat nie aufgegeben, es ist noch immer er, der fährt und den chinesischen Stolz auf die Straße bringt, und wer das Gegenteil behauptet, gehört bestraft.

Aber mein Reisegefährte reißt schon den Mund auf, entschuldigt sich und erklärt mir, er habe meine Frage falsch verstanden: Sicherlich, Chen hat das Rennen aufgegeben. Er zeigt mir sogar eine Nachricht des Fahrers auf Twitter (oder vielmehr der chinesischen Version von Twitter, einer Seite, die nachgemacht wirkt und es vielleicht auch ist), wo er »Entschuldigung, Entschuldigung, Entschuldigung« geschrieben und drei Smileys mit Tränen hinzugefügt hat.

Ich muss lächeln, also lächele ich. Das scheint mir nicht mehr gefährlich zu sein, denn auch mein chinesischer Freund lächelt. Er streckt seine Hand aus und stellt sich vor. Er heißt Mark Chen und arbeitet für CCTV-5 und hypersport.tv, die staatlichen Kanäle, die den Giro d'Italia in China übertragen. Er ist tatsächlich ein Liebhaber des Radsports und des Giro (auch, wenn er ihn »Ghiro« nennt), und beginnt, mir zu erzählen, wie der Radsport seiner Ansicht nach funktioniert.

Inzwischen bekäme man die meisten chinesischen Fahrer im Westen nicht mehr zu Gesicht, da die Regierung versucht, sie für die nationalen Rennen zu gewinnen. Ich frage ihn also, wer der stärkste chinesische Fahrer ist, und ohne Zögern nennt er mir Wang Mei Yin. Ob wir ihn jemals auf den europäischen Straßen bewundern können? Er denkt darüber nach und schüttelt dann den Kopf.

Ich weiß, dass das Leben für Radrennfahrer mancherorts hart sein kann. Aber mir wird klar, dass es das in China auch für die Fans ist: Bei den chinesischen Rennen, zum Beispiel bei der Tour of Beijing, der wichtigsten Rundfahrt des Landes, dürfen sie das Geschehen nicht vom Straßenrand aus verfolgen.

»Alle fünf Meter steht ein Polizist, und wenn du dich näherst, wirst du weggeschickt«, erzählt mir Chen. Ich schaue nach draußen, Olivenbäume, so weit das Auge reicht, die

Hitze und der Staub, und dann die Massen von feiernden Menschen, die nach Herzenslust rufen, klatschen, schreien. Die Vorstellung von einer Polizei, die die Fans vom Straßenrand vertreibt, erscheint mir so absurd. Wirklich, zu absurd. Auch weil ich einige Szenen von der Tour of Beijing gesehen habe und da meiner Meinung nach durchaus ein paar Menschen waren.

»Klar, aber wenn Sie genauer hinschauen, sind es praktisch alles alte Leute, einer aufgereiht neben dem anderen, in präzisem Abstand. Es sind Männer und Frauen, die dafür bezahlt werden, dort zu stehen. Sie müssen beim Vorbeifahren des Feldes ein wenig applaudieren, in einem geregelten Rhythmus, nicht mehr. Verstehen Sie?«

Ja, ich habe verstanden, und dann auch wieder nicht: »Aber entschuldigen Sie, Chen, wenn es doch echte Fans gibt, könnte man sie dann nicht einfach gratis jubeln lassen?«

»Nein, die echten Fans werden als Bedrohung angesehen, sie können Unruhe stiften, also werden sie ferngehalten. Einmal wollte ein Freund von mir sein Idol Tony Martin bei der Tour of Beijing sehen, also hat er sich in einem Graben am Straßenrand versteckt. Als Martin vorbeifuhr, ist er herausgesprungen und hat geklatscht. Ein Polizist hat es gesehen und ist auf ihn zugekommen, sodass er flüchten musste. Aber zumindest hatte er einmal seinen liebsten Champion gesehen.«

Mark lächelt erneut und ich tue es ihm gleich.

Aber er lacht noch mehr, und noch breiter, angesichts all der Menschen, die wir die gesamte Strecke um uns herum haben, vom Start der Etappe bis zum Ziel. Unzählige Leute. Fans, Neugierige, Schüler, Verlobte, Nonnen, Rentner, Arbeitslose,

Ehefrauen, die Schönen und Halbstarken des Landes. All die Menschen, die seit dem ersten Tag die Daumen drücken, und die Millionen, die den Giro noch entlang der Straßen dieser ausgelassenen Nation erwarten werden.

Es lebe der Giro, es leben sie!

Die Mathematik ist eine Meinung

10. Mai, siebte Etappe: Marina di San Salvo–Pescara

Im Gegensatz zu dem, was man uns von klein auf beibringt, ist die Mathematik eine Meinung. Man ummantelt sie mit Methodik und Wissenschaftlichkeit, aber in Wahrheit ist sie nur ein Glaube wie jeder andere. Ein Glaube, der sich entschließt, nicht ganz so schillernde, aber ebenso wenig fassbare Gottheiten zu verehren, wie die Berechnung, die Statistik, das Vermessen.

Um sie drehen sich die Gebete des britischen Favoriten Bradley Wiggins und seiner Mannschaft, dem Team Sky, mit ihrer durchkalkulierten und computerisierten Herangehensweise an die Rennen, aber heute demonstriert der Giro, wie impotent ihre Götter im Olymp des Radsports sind.

Denn bei Radrennen wird die Abrechnung am Ende gemacht. Insbesondere auf Etappen wie der heutigen nach Pescara, der Flachstücke komplett unbekannt zu sein scheinen. Stattdessen endlose Straßen, die immer nur bergab oder bergauf führen, dies aber erst im letzten Augenblick entscheiden, aus einem Funken Fantasie heraus, ohne sich auch nur eine Sekunde mit Sanftmut aufzuhalten. Wenn man sich das Höhenprofil der Etappe anschaut, erinnert es an unzählige Zähne im Mund eines Haifisches.

Und damit, ja, in der Tat, an Vincenzo Nibali, den Jungen aus Sizilien, den sie den »Hai von Messina« nennen, der das Blut seines Opfers riecht und in einen einzigen Rausch verfällt. Das Blut ist das von Wiggins, dem Mann für die Rennen gegen die Uhr, dem Vertreter des Radsports als Wissenschaft, der heute über den rauen Asphalt des echten Lebens gleitet und sich sehr schwer dabei tut.

Der Regen prasselt unerbittlich nieder und verwandelt die Straße in Schmierseife, aber das Wasser ist das natürliche Element des Hais Nibali, der die Schwierigkeiten seines Rivalen spürt und sich in die Abfahrt stürzt. Der Sizilianer kommt zu Fall, aber seine Rutschpartie ist noch nicht mal zu Ende, da ist er schon wieder auf den Beinen und fährt weiter. Auch Wiggins stürzt, aber bei ihm ist es eine andere Geschichte: Einen solchen Sturz kann man eben nicht mit Statistiken vorhersehen, seine Wirkung kann man nicht in Watt messen. Er muss aber sehr heftig gewesen sein, denn er dringt bis zum innersten und geheimsten Motor des britischen Champions vor und setzt ihn außer Betrieb.

Wiggins hat keine Frakturen davongetragen, äußerlich ist alles an seinem Platz, und doch ist er angeschlagen. Er hat vergessen, wie man sich auf dem Rad hält, fährt unbeholfen bergab, auf den Geraden beschleunigt er nicht, er legt sich nicht in die Kurven, wird richtig langsam. Er kann es nicht wissen, aber er hat soeben Ripa Teatina passiert, das kleine Dorf, in dem die Legende von Rocky Marciano ihren Anfang nahm, und gerade könnte er den Mut des großen Boxers gut gebrauchen.

Hier in Ripa Teatina wurde der Vater von Rocky geboren, der Pierino hieß. Also muss ich anhalten, um das Dorf nach Spuren zu durchkämmen. Viel Zeit nimmt das nicht in Anspruch, nur ein schöner kleiner Platz, den man überquert, eine etwas weniger schöne Straße und an ihrem Ende ein Kreisverkehr, dahinter eine Postfiliale. Ich weiß nicht, was genau ich suche, würde aber alles nehmen: T-Shirts mit Rocky, Poster mit Rocky, Magneten mit Rocky, ich bin bereit, mich für jedes Souvenir des Helden zu begeistern. Nur, dass ich kein einziges finde.

Ich finde nichts außer einer zauberhaften Postkarte des Dorfes, die in die 1970er-Jahre zurückführt. Aber darauf ist nicht Rocky abgebildet, sondern zwei Alte, die die Straße überqueren, eine weiße Wand mit Stockflecken und unten in der Mitte ein grauer Hügel. Ich frage den Kioskbesitzer, wie viel ich ihm schulde, und er sagt: »Nichts, dafür kann ich Ihnen doch kein Geld abknöpfen.«

Ich danke ihm und frage, warum man nichts von Rocky findet. Er breitet die Arme aus und antwortet: »Die Regierung ist schuld.« Er fügt hinzu: »Es ist eine Schande, ich weiß, da ist nur das Denkmal für Rocky und mehr nicht.«

Ein Denkmal?

»Ja, im Kreisverkehr am Anfang des Dorfes, hinter der Post.«

Ich bin von dort gekommen und habe es trotzdem nicht gesehen. Ich fühle mich dumm, als Reporter bin ich wirklich eine Niete. Ich kehre um, steige auf das kleine Mäuerchen bei der Post und blicke mich um, und trotzdem sehe ich weiterhin nichts. Beziehungsweise, ich sehe die Post, den Kreisverkehr, aber nichts von einem Rocky-Denkmal. Ich gehe näher heran, und tatsächlich, in der Mitte des Kreisverkehrs – der den Verkehr von vier komplett leeren Straßen regelt – bemerke ich etwas. Vielleicht ein Brunnen, vielleicht ein Fahrradständer? Nein, es ist das Denkmal für Rocky. Eine winzige Statue. Ein kleiner Mann mit geballten Fäusten in Boxhandschuhen, ein Arm als rechte Gerade ausgestreckt. Er hat weniger von einem Denkmal als von einer Krippenfigur.

Mir erscheint das wie eine furchtbare Beleidigung, eine solch winzige Huldigung für den großen Rocky Marciano. Ich frage Enzo, ob er ein Foto von mir neben der Statue schießt, aber dann gehe ich näher heran und sehe den Champion in Miniatur, seine mörderische Rechte, die so verkleinert niemandem mehr Angst macht. Also sage ich Enzo, er könne es vergessen, und wir kehren schweigend zum Auto zurück, so desillusioniert und beschämt, dass sich heute nur Wiggins elender fühlen kann als ich.

Das Wasser beginnt wieder, vom Himmel zu strömen, die Straße springt weiter ohne Gnade rauf und runter, nach rechts und links, und selbst die besten Radfahrer der Welt scheinen mehr zu zittern, als in die Pedale zu treten. »Im Boxring kannte ich nie wirklich Angst«, sagte Rocky einst. Wiggins hingegen hat sie kennengelernt, die Angst, und wie, auf der Straße nach Pescara. Sie ist hartherzig wie der Asphalt und hat den Geschmack von Regen. Sie ist in ihn eingedrungen und hat ihn paralysiert und lässt ihn nun die Serpentinen wie ein pensionierter Buchhalter hinunterfahren, der das Rad seines Enkels Probe fährt. Das britische Topteam, das nach Italien gekommen ist, um sich den Giro zu schnappen und ihn mit einem Bein zu beherrschen, erscheint nun bedauernswert klein und winzig, genau wie das Denkmal für Rocky. Gleichermaßen lächerlich und unangemessen, eklatant außerhalb der Größenordnung in einer Welt, die deutlich größer ist als sie selbst.

Letztlich ist dies das unausweichliche Ende für die, die vorgeben, das Leben mit Mathematik beherrschen zu können, mit Berechnung, mit kühler Berufung auf die Technologie. In Anbetracht der Wucht des Lebens erweist sich starres Beharren als tödlich.

Und Wiggins ist wahrhaftig wie erstarrt, er nimmt jede Kurve mit breiten Beinen, und alle überholen ihn, als hätte er eine Reifenpanne. Und es mag daran liegen, dass wir von Rocky sprachen, aber seine Geschichte beim Giro erscheint mir tatsächlich genau wie die Handlung von *Rocky IV*, dieser geniale Film, in dem es Rocky mit Ivan Drago zu tun bekommt, dem unbesiegbaren, eiskalten sowjetischen Champion, der sich mithilfe von Computern in einer Art Science-Fiction-Labor auf den großen Kampf vorbereitet. Rocky dagegen zieht in eine abgelegene Blockhütte in der Tundra, wo er Holz spaltet, durch den Schnee rennt und Berge besteigt. Zu Beginn ihres Aufeinandertreffens spricht der Russe seine legendären Worte: »Ich muss dich vernichten!«, doch seine Sicherheit beginnt zu schwinden, als Rocky in einem verzweifelten Hieb seine Wange erwischt, ihn verletzt und daran erinnert, dass wir alle aus Fleisch und Blut gemacht sind. Am Ende ist es an Rocky, zu jubeln, denn in seine Schläge legt er die Kraft der Verzweiflung und er begegnet dem Leben mit dem einzigen Werkzeug, das wirklich hilft: Menschlichkeit.

Und wenn Wiggins auf dieser fürchterlichen Etappe Ivan Drago ist, steht der Part von Rocky wohl Vincenzo Nibali zu, der zusammen mit Hesjedal, Sanchez, Evans und Scarponi dort ist, wo sich die Besten befinden, nämlich vorne. Aber nicht ganz vorne, weil sich alleine an der Spitze des Rennens der Australier Adam Hansen befindet, der früh mit fünf anderen Fahrern ausgerissen ist. »Fahrt nur, wir holen euch schon wieder ein«, wird man im großen Feld die gesamte Etappe über gedacht haben, auch dort vertraut man sich jenen mathematischen Gottheiten an, die heute nur Wasser und Ohrfeigen ernten. Hansen hingegen bleibt stark und reckt nach 147 Kilometern Flucht die Arme in die Luft. Hinter ihm kommen die Besten gemeinsam an, während weitere anderthalb Minuten verstreichen, ehe Großvater Wiggins auftaucht und die Ziellinie überquert. In diesem ganzen Durcheinander hebt sich das Rosa Trikot unmerklich von Paolinis Schultern und senkt sich auf die des Basken Intxausti.

Im Gesamtklassement liegt Nibali lediglich drei Sekunden hinter ihm, Wiggins dagegen hat eine Minute und 27 Sekunden Rückstand auf den Hai. Und natürlich, morgen findet das Einzelzeitfahren statt, das über 54,8 Kilometer führt, mit einem Schlussanstieg, der 13 Prozent steil ist, und der Brite hat dies auf den Millimeter genau geplant, er will sie mit einer Durchschnittsgeschwindigkeit von... Aber das sind nur Zahlen, und Zahlen bringen gar nichts. Für heute hat Wiggins das eingesehen.

Warte, Opa, ich hole nur schnell eine Salsiccia!

11. Mai, achte Etappe: Gabicce Mare–Saltara

Heute fand das Zeitfahren statt, also ein Rennen gegen die Uhr. Jeder Fahrer startet alleine und absolviert die Strecke als Solist, ohne Teamkollegen, die ihm helfen, ohne Gegner, an denen er sich orientieren kann. Man muss seinen eigenen Rhythmus bestimmen und verstehen, wie man seine Kraft einteilt und das Rennen angeht. Es geht darum, den Zielstrich nach so kurzer Zeit wie möglich zu erreichen, und dafür muss man konstant am Limit fahren, am eigenen Limit, nicht einen Tropfen mehr, nicht einen weniger.

Und der Sieger des Tages ist Vincenzo Nibali.

Ich weiß, manche Pedanten werden einwerfen, dass in Wirklichkeit der relativ unbekannte Alex Dowsett gewonnen hat, aber wir müssen uns darüber verständigen, was Gewinnen bedeutet. Denn Gewinnen hat quasi nichts mit Als-Erster-im-Ziel-Ankommen gemein.

Ich habe darüber nachgedacht, heute Morgen, in Erwartung des Starts. Ich war sehr zeitig nach Gabicce Mare gefahren, denn auf Fotos habe ich gesehen, dass es dort einen schönen langen Sandstrand gibt, mit einer Seebrücke in der Mitte, und mich hatte die Sehnsucht nach meiner Heimat überkommen.

Wir parken also vor einem kleinen weißen Häuschen mit einem noch kleineren Garten, das genauso aussieht wie das, in dem ich groß geworden bin. Nur, dass in diesem Haus ein Mann mit weißen Haaren in der Einfahrt wartet und ruft: »Schnell, beeil dich, sonst verpassen wir noch die Fahrer!« Und aus einem Fenster lugt ein Kind und antwortet: »Warte, Opa, ich hole nur schnell eine Salsiccia und komme!«

Genauso hat es sich zugetragen, ich schwöre. Ich fange an zu lachen, und das Lachen bleibt auf meinem Gesicht, während ich die ersten Kilometer der Etappe erkunde, jede Kurve und Steigung bis nach Pesaro: ein abwechslungsreicher Parcours, der gnädig mit den Fahrern sein wird, die keine starken Zeitfahrer sind.

Ich drücke ihnen die Daumen, den Fahrern, die Stümper im Kampf gegen die Uhr sind. Ein bisschen, weil ich mit zu vielen Kletterern mitgelitten habe, die ihre Seele an unzähligen gnadenlosen Anstiegen gegeben haben, nur um dann am nächsten Tag in diesem unerbittlichen Stündchen eines Zeitfahrens alles zu verlieren. Und ein bisschen, weil es genügt, am Straßenrand zu stehen und zuzusehen, wie eben sie es mit einer Etappe wie dieser aufnehmen, um zärtliche Gefühle für sie zu entwickeln: Zeitfahrer sind massive, perfekte Maschinen, die kräftig und lehrbuchmäßig in die Pedale treten, die Luft durchschneiden und eins mit ihren Rädern zu sein scheinen. Die Bergfahrer dagegen, so klein und schief, mit ihrem engen Einteiler und dem Aerohelm, wirken auf einer solchen Etappe nicht wirklich wie echte Radsportler, sondern wie kümmerliche Kinder, denen an Karneval ein sadistisches Elternteil eingeredet hat, sich als Radsportler zu verkleiden.

Ich stelle mich in die letzte Kurve vor dem Ziel, an den Anstieg, der hinauf nach Saltara führt, zwischen wunderschönen Hügeln voll mit Blumen und Olivenbäumen. »Hier müssen wir die toskanische Landschaft um nichts beneiden, oder?«, sagt jemand zu mir, nachdem er meinen Akzent erkannt hat. Und ich nicke, denn ich stimme ihm zu. Nur, dass mir dann ein anderer das Gleiche noch mal sagt, und dann noch einer, und bei der zehnten Person, die wiederholt, dass man die Toskana hier ja wohl um nichts zu beneiden hätte, beschleicht mich dann doch unweigerlich ein gewisses Maß an Neid. Doch ich entscheide mich, lieber nicht weiter daran zu denken, nicke weiter und hebe die Arme mit ihnen zum Himmel, als der Hai Nibali, der heute alles auf eine Karte setzt, mit vollem Einsatz vorbeifährt.

Sein Gegenspieler Wiggins gilt als großer Spezialist für die Zeitfahren, und tatsächlich hat Nibali dieser Etappe entgegengeblickt wie pummelige Kinder dem Sportunterricht in der Schule, mit dieser Mischung aus Angst und Ungewissheit im Herzen. Sein Ziel ist es, den Schaden möglichst in Grenzen zu halten. Sicherlich wird er einen Nasenstüber verpasst bekommen und ein bisschen bluten müssen, aber er will doch ein Minimum an Stolz wahren und verhindern, dass Wiggins sich heute schon den Gesamtsieg beim Giro sichert. Und tatsächlich, Nibali geht aus diesem Zeitfahren nicht nur unversehrt hervor, sondern findet sich sogar im Rosa Trikot wieder. Er hat das Trikot gewechselt, aber auch er selbst ist wie ausgewechselt, und er ist sich dessen bewusst:»Gestern bin ich zweimal zu Fall gekommen, Wiggins einmal, doch er ist wie versteinert, ich dagegen bin stärker als vorher aus dem Sturz hervorgegangen.«

Ein weiterer Beweis dafür, dass die Mathematik nur eine Farce ist. 2010 hat der Hai das Rosa Trikot wegen eines Sturzes verloren. Dieses Jahr aber hat er sich, nachdem er zweimal auf dem Asphalt aufgeschlagen ist, zurückgekämpft. Und die ganzen Technologen und sogenannten Experten, die ihn kritisiert haben, weil er gestern attackiert hat, weil sein Mut in Kauf genommen hat, dass er sich das Schlüsselbein bricht, obwohl es doch vernünftiger gewesen wäre, die Strecke ruhig anzugehen und nichts zu riskieren... Also ich glaube, dass diese Leute Teil einer geheimen Sekte sind, die es darauf anlegt, den Radsport für immer zu vernichten, oder aber sie verwechseln den Giro mit einem Wettbewerb unter Betriebswirtschaftlern.

Wenn man das Rennen kontrolliert, kommt man vielleicht als Erster an, vielleicht ergänzt man sein Palmarès um einen weiteren Sieg, aber die Siegesstatistik interessiert die Leute nicht. Kein Mensch sitzt Stunde um Stunde ängstlich vor dem Fernseher, kein Mensch nimmt sich Urlaub, um sich an die schwersten Haarnadelkurven zu stellen, bei Schnee oder Hitze, nur um einen besonnenen Manager pflichtbewusst vorbeifahren zu sehen.

Wir wollen Mut, wir wollen Heldentaten, wir wollen Emotionen, die uns den Atem rauben. Der Rest sind Wohnungseigentümerversammlungen, der Rest sind lange Abendessen mit den Verwandten. Dinge, die wir nur allzu gut kennen. Vom Giro wünschen wir uns etwas anderes.

Keine Auswahl im Restaurant des Lebens

12. Mai, neunte Etappe: San Sepolcro–Florenz

Statisten sind nicht nur Beiwerk, wir *brauchen* Statisten, sie sind der ebene, dunkle Hintergrund, vor dem die Protagonisten strahlen können. Aber ab und zu erhaschen auch sie einen Lichtstrahl, erheben sich von diesem Hintergrund und versuchen, selbst zu funkeln.

Genauso hat es sich heute auf den Straßen zwischen San Sepolcro und Florenz ereignet, auf der zwölf Männer die Flucht angetreten haben und mit dem Traum voranmarschiert sind, ihre Namen – manche wenig bekannt, andere nie zuvor gehört – in der Geschichte des Giro zu verewigen.

Auf der Fahrt durch Arezzo, auf dem Corso Italia, haben sie sich mit einem Haufen anderer Statisten vermischt, die den Sonntag in einer Schlange aufgereiht verbringen, in der Hoffnung, eine kleine Rolle im nächsten Film von Pieraccioni zu ergattern. Die Produktion sucht »ein paar Kinder« und »einen hübschen Jungen von 13 Jahren«, trotzdem ist der Großteil der Wartenden mindestens vierzig, wenn nicht gar älter.

Einer bemerkt den Ausweis, den ich um den Hals trage, und auch wenn dieser rosa ist und »Giro d'Italia« draufsteht, kommt er näher und raunt mir zu: »Hören Sie, in meiner Mappe habe ich es nicht angegeben, aber ich bin auch Sänger.«
Ich sehe ihn an, suche nach einer halbwegs vernünftigen Antwort, aber mir will keine einfallen. Er redet ohnehin genug für uns zwei: »Ja, ich weiß, was Sie denken, hier präsentieren sich alle als Sänger. Das sind aber keine echten Sänger. Ich habe in einer Pianobar gespielt, Sie wissen, was das heißt, oder? Oder?«
Ich weiß nicht, was das heißt, aber die anderen schon, denn prompt eilen zwei ganz ähnliche Gestalten wie er herbei und informieren mich, dass auch sie in einer Pianobar gespielt haben. Einer tanzt zusätzlich noch Tango, und »nächstes Jahr fahre ich zu den italienischen Country-Meisterschaften. Und jetzt zeige ich Ihnen einen Irish Dance. Obwohl, nein, lieber einen Passo del Gatto, der ist meine Spezialität.«
Er stemmt die Hände in die Hüften und fängt an, von hier nach dort zu trippeln, und singt dabei ein Lied mit hypnotischem Text, den ich nicht vergessen werde, solange ich lebe:

»*I am Texas, I am Texas, in the Texas all day dòn,*
I am Texas in the Texas in the niiight,
I am Texas for the Texas in the Texas all day dòn,
It's the Texas when the Texas in the looove!«

Er hüpft und singt und fängt an zu schwitzen, und währenddessen schütteln die anderen beiden im Hintergrund den Kopf und zeigen mir den Daumen nach unten, ich solle ihn gar nicht beachten.

Doch ich kann nur an diesen schönen Sonntag denken und daran, dass so viele Männer meines Alters ihn zwischen einem staubigen Gehweg und einem dunklen Raum verbringen, um eine kleine Rolle in einem Film zu ergattern, für den sie Kinder und einen hübschen Jungen von 13 Jahren suchen, in der Hoffnung, ihren Altersnachteil mit einer Volkstanzdarbietung oder einer Karriere als Barpianist wettmachen zu können.

Meine Gedanken vermischen sich mit der Tonspur des Texas-Liedes, das weitergeht, wenn auch zunehmend von Keuchen unterbrochen, und diese Mischung lässt eine Angst in mir hochsteigen, die mir beinahe die Kehle zuschnürt. Also sage ich, dass ich weitermuss, da mich Pieraccioni erwartet, springe wieder ins Auto und Enzo drückt aufs Gaspedal.

Schnell zurück zur Strecke der Etappe, nichts als Kurven und ein ständiges Auf und Ab, wo eine ganz andere Angst, nämlich jene, den Sieg zu verpassen, drei Fahrer aus der Ausreißergruppe gepackt hat, die sich von den anderen absetzen und alleine weiterfahren. Ich hole sie ein, als sie den düsteren Anstieg nach Vallombrosa in Angriff nehmen, ich erkenne den Spezialisten Pirazzi, den Kolumbianer Chalapud und den Russen Belkow. Und dieser Tag, den die Organisatoren Gino Bartali gewidmet haben, könnte der ihre werden.

Auch ich hätte heute über den großen Gino erzählen sollen. Es gibt unzählige Geschichten, zum Beispiel die von seinem Sieg bei Tour de France 1948, nachdem er in den Alpen zwanzig Minuten Rückstand (zwanzig!) auf Louison Bobet im Gelben Trikot aufholte. Am 14. Juli war ein Attentat auf Togliatti verübt worden, den Führer der Kommunistischen Partei, und in Italien lag ein Bürgerkrieg in der Luft. Es heißt, dass De Gasperi und Andreotti daraufhin bei Gino anriefen, der sich bis dato eher durch die Tour geschleppt hatte, und ihn um eine große Heldentat baten, weil die Italiener sich doch dermaßen für den Radsport begeisterten und sich so die revolutionären Hirngespinste aus dem Kopf schlagen würden. Am Ende vollbrachte Gino tatsächlich eine Heldentat, und bei seiner glorreichen Rückkehr aus Frankreich wurde er von De Gasperi empfangen, der ihn fragte, welches Geschenk er als Gegenleistung für diesen wichtigen Sieg wünsche. Und Bartali, italienischer Champion durch und durch, bat, nie wieder Steuern zahlen zu müssen. De Gasperi antwortete, dass das nicht möglich sei, und der Toskaner sagte, dass ihn dann nichts anderes interessieren würde, und zog von dannen.

Ja, vielleicht hätte ich die Geschichte von Bartali erzählen sollen. Aber heute ist es ein anderer Tag, heute ist es an der zweiten Reihe zu glänzen. Also, mit allem Respekt gegenüber Gino, Magni, Nencini, Bitossi und all den anderen toskanischen Radrennlegenden, halte ich im Anstieg zum Passo della Consuma doch in Montemignaio an, um Marcello Mugnaini die Hand zu schütteln.

Dessen Name nicht vielen etwas sagen wird, der aber ein Großer war und ein ganz Großer hätte werden können.

Im Jahr 1964, gerade frisch zu den Profis gewechselt, beendete Mugnaini den Giro d'Italia als Siebter und gewann die schwere Etappe von Lavarone nach Pedavena. Noch besser lief es im nächsten Jahr, als Vierter beim Giro und Dritter bei der Tour de Suisse, und 1967 gewann er eine weitere Etappe beim Giro. Aber sein glorreichster Tag war der, als man ihn 1966 bei der Tour de France triumphieren sah, am Ende einer harten Etappe durch die Pyrenäen von Pau nach Luchon.

»Hinter mir, da waren Anquetil, Poulidor, nicht zu vergessen die Zuschauer. Ich schlug mich gut auf solchen Strecken, in den Bergen. Man muss sich nur anschauen, wo ich aufgewachsen bin: Wenn du da nicht die Anstiege hochkommst, brauchst du es mit dem Radfahren gar nicht erst zu versuchen. An diesem Tag bin ich losgefahren und habe alle abgehängt. Mir fehlten 13 Sekunden für das Gelbe Trikot.«

Jene Tour beendete Mugnaini als Fünfter und er rückte zum ernsthaften Anwärter auf, um ein ganz großer Champion zu werden, einer der wenigen Italiener, die dazu bestimmt sind, die berühmte Frankreichrundfahrt zu gewinnen. Aber im Jahr darauf, wieder bei der Tour, kam es, dass die Radsportkarriere von Mugnaini schlagartig endete, anstatt dass ihm der große Durchbruch gelang: Die dreizehnte Etappe, am 13. Juli, wird auf ewig einen festen Platz in der Geschichte des Radsports haben, aufgrund des Todes des Briten Tommy Simpson, der im brutalen Anstieg zum Mont Ventoux der Schwüle und einem Cocktail auf Basis von Amphetaminen erlag, an einem Berg, auf dem keine Vegetation existiert und man den Eindruck bekommt, man besteige den Mond. Es gibt noch Filmaufnahmen dieser verheerenden Momente, auf denen ein buckliger Simpson in langsamem Zickzack hinauffährt und nur deshalb nicht umfällt, weil ihn die Zuschauer stützen. Sie feuern ihn an, sie schieben ihn an, doch irgendwann treiben sie eine Leiche vor sich her.

Und am selben Tag, im Schatten dieser Tragödie, ereignete sich jene, die der Radportkarriere von Mugnaini ein Ende setzte, dem Fahrer aus der Toskana, der dazu verdammt scheint, immer in der zweiten Reihe zu bleiben, im Triumph wie im Unglück. Er stürzte auf der Ventoux-Etappe und verletzte sich einen Lungenflügel. Er musste das Rennen aufgeben, die Verletzung langwierig auskurieren, im Jahr darauf trat er wieder an, aber es war nicht mehr wie vorher: »Ich konnte noch Rennen fahren, doch ich war es gewohnt, Vollgas zu geben, jetzt aber spürte ich, dass ich etwas verloren hatte, und ich bin nicht der Typ, der nur zusieht und sich bemitleiden lässt«, erklärt er mir kopfschüttelnd. »Sie wissen, wie es ist, ich fasste also meinen Entschluss, sagte: ›Tschüss, macht's gut‹, und bin nach Hause zurückgekehrt, nach Montemignaio, wem könnte es besser als mir gehen?«, sagt er mir und lächelt ruhig, während er mir zum Abschied die Hand gibt.

Deutlich weniger ruhig dagegen sind Pirazzi und Chalapud, die sich oben am Gipfel gegenseitig beharken und es auf diese Weise ihrem Begleiter Belkow ermöglichen, auf der Abfahrt zu entkommen. Der Russe war Zeitfahrmeister seines Landes und auch U23-Europameister in dieser Disziplin, die einsame Anstrengung macht ihm keine Angst, genauso wenig wie der Regen, der auch heute begonnen hat, vom Himmel herabzuprasseln. Der Glückliche, denkt Wiggins, dem all das Wasser auf dem Asphalt schwer zu schaffen macht. Er verliert eine Minute auf die Besten, und die Schwarze Schwadron von Sky, die ihm wieder zurück ins Rennen helfen will, besitzt ungefähr so viel Energie wie ein Trauerzug. Aber die Aufmerksamkeit liegt heute nicht auf den großen Namen, dies ist der Tag von Belkow, heute bleibt er nicht im Hintergrund, heute reckt er die Arme in den Himmel.

Und eine Minute später, bei der Ankunft der Verfolger, hebt auch Carlos Betancur die Arme, der Belkows Flucht nicht mitbekommen hat und überzeugt ist, die Etappe gewonnen zu haben. Er fährt über die Ziellinie und jubelt vor Freude, bis man ihm erklärt, dass er nur den Sprint der bereits Geschlagenen gewonnen hat. Für einen Moment ist er wie versteinert, versucht zu schlucken, aber es gelingt ihm nicht, doch dann steckt er den Schlag weg und erklärt: »Ich bin trotzdem glücklich, auch ein zweiter Platz beim Giro d'Italia ist eine große Sache für mich.«

Und so war heute ein schöner Tag. Voll von Männern aus der zweiten Reihe, denen es gelingt zu glänzen, von B-Seiten, die endlich ihren wunderbaren Song zu Gehör bringen können. Gewonnen hat ein Mann, der seine Chance gesehen hat, sie 150 Kilometer lang verfolgt und schließlich ergriffen hat. Aber auch der Fahrer, der als Zweiter angekommen ist, hat gewonnen, denn er hat gehofft zu gewinnen, das Schicksal bereitete ihm eine bittere Mahlzeit und er konnte sie trotzdem verdauen, in Erwartung von etwas Schmackhaftem im Restaurant des Lebens, in dem dich nie jemand fragt, was du willst, und dir immer das vorgesetzt wird, was eben kommt.

Darwin, der Puma von Túquerres

13. Mai, Ruhetag: In der Nähe von Treviso

In Florenz bleibt unter dem prasselnden Wasser, das diesen Giro Tag für Tag zerzaust, gerade noch Zeit, den Sieger zu feiern, dann heißt es, alle wieder ab ins Auto und weiter, von der Toskana bis ins Friaul, wo die Rundfahrt morgen oben auf dem Altopiano del Montasio ankommen wird. Die erste wirkliche Bergetappe, genug der Diskurse, genug des Geschwätzes und der Theorie, jetzt kommen die üblen Anstiege, die einem wie Ohrfeigen aus Asphalt ins Gesicht schlagen, Straßen, die sich direkt vor den Augen der Fahrer aufbäumen.

Nur, dass wir noch bis morgen warten müssen, denn heute wird nicht gefahren, heute ist Ruhetag beim Giro.

Aber jeder hat sein eigenes Konzept von Ruhe, und während ich die drei Straßen von Cordenons entlangschlendere, kreuze ich den Weg von Radrennfahrern, die in die Pedale wuchten, in einem Training, das sie als »kurz mal die Beine vertreten« definieren, das uns Normalsterbliche aber trotzdem leblos am Straßenrand zurücklassen würde.

Und als die Trainingseinheiten abgeschlossen sind und alle in ihre Hotelzimmer zurückkehren, nutze ich die Gelegenheit des freien Tages, um eine Mannschaft kennenzulernen, die mich absolut begeistert: die Männer vom Team Colombia. Mit Blick darauf, wie sich die Straße Richtung Himmel aufrichtet, bin ich mir sicher, dass sie morgen zuschnappen werden, die gefürchteten Kolumbianer: kleine und hagere Fahrer, daran gewöhnt, sich in schwindelerregenden Höhen abzumühen, geboren, um an diesen mörderischen Renntagen auf dem Rad zu tanzen. Heute kann ich es noch nicht wissen, aber morgen am Gipfel des Altopiano wird Rigoberto Urán Urán triumphieren, und als Zweiter wird der Kletterer Betancur ankommen, der in der Verfolgung nicht alles gegeben haben wird, er »konnte es nicht, vor mir war ein Kolumbianer, wie ich selbst einer bin.«

Kurzum, Kolumbien kehrt überfallartig auf die große Radsportbühne zurück, und in mir erhebt sich der kleine Junge vor Freude, der vor den Bergetappen nie schlafen konnte, in Erwartung der waghalsigen Fabeltaten von Luis Alberto »Lucho« Herrera und später Nelson »Cacaíto« Rodríguez, mit ihren verrückten Aktionen, einfach wunderbar in der totalen Abwesenheit von jeglichem Ergebnisdenken. Erhabene, irrwitzige Gipfelstürmer, die ihre Erschöpfung überwinden und die anderen im Anstieg abhängen, nur um wenig später alles wieder auf der Abfahrt zu verlieren – ihr ewiger Schwachpunkt. Im Laufe der Jahre und der zunehmenden Bekräftigung eines zynischen, übertrieben vorsichtigen Radsports verschwanden die »*Escarabajos*«[2], fuhren nur noch in der glorreichen Welt

---

[2] Spanisch für »Käfer«.

der Erinnerungen, aber bei diesem Giro findet man sie wieder unter den besten fünfzehn Fahrern des Feldes, wobei meine Favoriten nicht die sind, die morgen auf dem Podium landen werden. Meine Favoriten sind eben jene Männer vom Team Colombia, eine Art Nationalmannschaft gesponsert von Coldeportes, der staatlichen Sportbehörde, und der Favorit unter meinen Favoriten ist ihr Mannschaftskapitän Darwin Atapuma. Um mich zu begeistern, braucht es nur seinen Namen, der wie gemacht scheint für den Helden eines Romans randvoll mit Abenteuern, aber der »Puma« ist ein echter Radprofi, das hat er im Vorjahr bewiesen, als er eine Etappe beim Giro del Trentino gewann, zwischen den Schneemassen am Passo Pordoi.

Ich treffe ihn in der Nähe von Treviso, im Hotel, in dem die Mannschaft übernachtet. Während ich warte, bis er mit seiner Massage fertig ist, sitze ich auf einem Diwan in der Lobby, in der währenddessen die anderen kolumbianischen Fahrer eintreffen. Ich stehe auf, um sie zu begrüßen, und fühle mich plötzlich wie Gulliver, ein Riese in einer Welt kleiner Menschen. Manch einer reicht mir bis zur Brust, aber es gibt auch welche, die noch deutlich darunter bleiben. Sie überschreiten kaum die 50-Kilo-Grenze, und in ihren ausgemergelten Gesichtern kann man unmöglich ihr Alter ablesen. Sie wirken gleichzeitig wie Kinder und wie Greise, minderjährig und pensioniert, wie aus einem Versehen heraus ans andere Ende der Erde katapultiert, um dort Rad zu fahren.

Dann, endlich, auf leisen Sohlen, schleicht der Puma heran. Er spricht Italienisch, was ein großes Glück für mich ist, denn mein Spanisch ist eine kümmerliche Mischung aus italienischen Worten mit einem S am Ende und Redewendungen, die ich in einem Westernfilm gehört haben muss. Doch die Freude währt nur kurz, das Problem ist nicht die Sprache, das Problem ist, dass der Puma wahnsinnig schüchtern ist: Allein mir in die Augen zu sehen, bereitet ihm Unbehagen, ganz zu schweigen von der Überwindung, die es ihn kostet, den Mund zu öffnen. Er hört mir gequält zu, reibt die Hände über die Knie, und wenn es ihm gelingt, mir zu antworten, tut er dies mit der brüchigen Stimme eines verlorenen Kükens, mit einer Atemnot, die er wahrscheinlich nicht einmal auf dem Gipfel des Pordoi hatte.

Darwin ist 25 Jahre alt, geboren in Túquerres, einem landwirtschaftlich geprägten Städtchen in den Anden, dreitausend Meter über dem Meeresspiegel, nahe dem Krater des Vulkans Azufral. Als jüngster von neun Brüdern war das Schicksal von Atapuma eigentlich vorgezeichnet wie eine Ackerfurche: »Ich sollte Bauer werden, genau wie meine Eltern und alle meine Vorfahren, in einem Gebiet oberhalb von Tuqúerres. Ich habe mit elf Jahren angefangen, Rad zu fahren, ich hatte kein Geld, um mir ein Fahrrad zu kaufen, aber der örtliche Verein hat mir eins gegeben. Der Radsport gefiel mir sehr, aber ich habe nie gedacht, dass das einmal mein Leben werden könnte. Ich wagte noch nicht einmal, das zu träumen. Für mich war es schon ein Traum, Maurer werden zu dürfen.«

Stattdessen machte er bei kleinen lokalen Rennen auf sich aufmerksam, stieg in höhere Rennklassen auf und gewann weiter, und Stück für Stück schlug sein Leben jene Richtung ein, von der der kleine Junge aus Túquerres sich sogar verbot, zu träumen: »Mir kommt es heute noch unglaublich vor.

Heute lebe ich in Italien, alles ist gut und ich will noch mehr gewinnen.« Und wann? »Bei einer Etappe mit langen Anstiegen. Ich leide unter den kurzen Anstiegen der europäischen Rennen, unter dem hohen Tempo, das hier angeschlagen wird. Ich brauche einen langen Anstieg, mindestens 25 Kilometer, aber 30 sind noch besser. So kann ich die anderen, wenn sie früh attackieren, erst einmal fahren lassen und dann einen nach dem anderen wieder einholen, so Gott denn will.«

Diesen Gotteswillen holt Darwin immer hervor. Er redet wenig, doch jedes Mal, wenn er den Mund aufmacht, schließt er ihn damit.

»Mein Glaube hilft mir, er ist meine Stärke. Jeden Erfolg widme ich Gott. Alles, was ich tue, verdanke ich Gott.«

In Wahrheit sagt er mir all diese Dinge nur in Bruchstücken, um daraus Sätze zu erhalten, muss ich sie zusammensetzen, und als wir fortfahren, bekommt es der Puma richtig mit der Angst zu tun. Er fängt sogar an zu schwitzen. Es ist also besser, ihn nicht zu drängen. Eine letzte Frage muss ich ihm allerdings noch stellen, denn ich denke schon zu lange darüber nach, und ohne eine Antwort riskiere ich, die ganze Nacht wach zu liegen, wie früher vor den Bergetappen: »Entschuldige, aber warum heißt du eigentlich Darwin?«

Für einen Moment hebt er die Augen und sieht mich an, dann richtet er sie wieder auf den Boden. Er lächelt und schüttelt den Kopf: »Mh, das weiß ich leider auch nicht so genau. Auch mir kommt der Name seltsam vor.«

»Aber hast du deine Eltern nie danach gefragt?«

»Doch, viele Male, aber sie haben mir nie geantwortet.«

»Aber warum?«

»Ich weiß es nicht. Sie sind nicht darauf eingegangen, haben das Thema gewechselt und mir am Ende nichts gesagt.«

Ich betrachte ihn und sehe das Geheimnisvolle in seinen dunklen Augen. Genau wie morgen, wenn er 300 Meter vor der Ziellinie in Montasio an mir vorbeifahren wird, mit gebührendem Abstand zu den Besten, den Blick fest auf das Ziel gerichtet.

Und wer weiß, hätte der Anstieg sich auf wundersame Weise um zehn oder 15 Kilometer verlängert, hätte der Puma sich vielleicht einen nach dem anderen geschnappt.

»Die Drei Zinnen von Lavaredo, für mich wäre das ein Traum, auch wenn es schwierig ist.«

Aber Träume – Darwin weiß es am besten – werden manchmal wahr. Auch wenn man nicht einmal wagt, sie zu träumen.

Die Geschichte sind wir (Enzo und ich)

14. Mai, zehnte Etappe:
Cordenons–Altopiano del Montasio

Vom schönen Wetter hat man bei diesem Giro noch nicht so viel gesehen. Es regnet quasi durchgehend, auch entlang der Adriaküste, und ich befürchte, die Badehose umsonst eingepackt zu haben. Obwohl, eigentlich ist es keine Befürchtung mehr, sondern eine schmerzliche Tatsache. Denn heute geht es in die Berge, und anstelle der Badehose muss ich Handschuhe und Mantel hervorholen.

Draußen sind es fünf Grad, und wir fahren weiter auf einer Straße, die einem wie der perfekte Stoff für Fantasy-Liebhaber vorkommt, inmitten von Wäldern, die von Kobolden und Zauberern bewohnt werden. Dunkel und eisig und doch wundervoll führt sie zum Passo del Cason di Lanza hinauf. Kleine Wasserfälle stürzen sich von den Bergen hinab, werden von Felsen gespalten und verwandeln sich in einen magischen Dunst, der sicherlich unzählige Regenbögen bilden würde, wenn nur ab und zu ein Sonnenstrahl bis hierhin vordringen könnte.

Ich sehe die ersten Spuren von Schnee am Straßenrand, der unser Auto von den Felsvorsprüngen tief unter uns trennt, so schroff geht es hinab, dass ich mich in manchen Kurven in den Sitz kralle. Um mich zu beruhigen, versuche ich, woanders hinzuschauen, aber das macht es noch schlimmer, denn so sehe ich Enzo, der darauf besteht, mit nur einer Hand am Lenkrad zu fahren, während er mit der anderen bei vollem Tempo Fotos schießt.

Also versuche ich, mich mit ein bisschen Musik abzulenken, krame im Handschuhfach herum und suche eine CD aus seiner Sammlung heraus. Ich Dummkopf habe selbst keine Musik mitgenommen, und so finde ich mich nun inmitten von Zeug wie Biagio Antonacci, Eros Ramazzotti und ähnlichen akustischen Katastrophen wieder.

In diesem Meer der Trostlosigkeit entdecke ich auch eine Best-of-Kollektion von Lionel Richie, Enzos Lieblingssänger. Aber vor allem stoße ich auch auf ein Neil-Young-Album, *Harvest*, zu dem ich instinktiv greife, ohne mich zu fragen, was es inmitten dieses ganzen Horrors verloren hat, wie jemand, der zu ertrinken droht und sich an den nächstbesten schwimmenden Gegenstand klammert, ohne Zeit damit zu verlieren, sich zu fragen, wo er herkommt.

Nur ist es leider eine sehr kurze Freude, denn das CD-Fach ist blockiert (vielleicht wegen der Kälte) und weigert sich, die CD auszuspucken, die drinsteckt. Dabei handelt es sich um *Die schönsten Wiener Walzer*, was zumindest trefflich auf die Situation abgestimmt scheint, da wir uns gerade entlang der österreichischen Grenze bewegen. Und so fahren wir weiter im Takt des Walzers, bis wir oben auf der Hochebene von Montasio ankommen, einem Almengebiet auf 1.500 Meter Höhe, eine natürliche Freiluftpiazza, umgeben von einer Reihe schneebedeckter Berge, die rundherum eine Krone bilden.

Eine Stunde nach uns kommt auch das Feld an, und ich werfe einen Blick in die erledigten Gesichter der Fahrer, die über die Ziellinie rollen. Leere Augen, die sich im Nichts verlieren, zitternde Glieder, blaue Arme. Die Betreuer der jeweiligen Teams fangen sie auf und befreien sie von ihren Fahrrädern, sonst würden sie einfach zur Seite umkippen.

Der Sieg geht an Rigoberto Urán Urán, einen großen Rennfahrer und ein echtes Kämpfergesicht. Als er 14 Jahre alt war, starb sein Vater, der versehentlich bei einer Schießerei zwischen Rauschgifthändlern getötet wurde, und von diesem Tag an führte Rigoberto das Kleingewerbe des Vaters fort und verkaufte Lotterielose auf der Straße. Dann schenkte sein Onkel ihm ein Fahrrad, und der Junge war so gut, dass er entdeckt wurde, und am Ende schließlich, nach einer dieser seltsamen Fügungen der Ereignisse, an denen die Welt manchmal so ihren Spaß hat, steht er nun also hier, Rigoberto, in einer der besten Mannschaften der Welt, auf dem Sprung, eine prächtige Bergetappe beim Giro d'Italia zu gewinnen. Wie unglaublich grausam das Leben sein kann, und wie unglaublich süß.

Aber nur für Urán ist das heutige Finale süß.

Für mich und Enzo bleibt keine Zeit für süße Freuden.

Wir bleiben mehr als eine Stunde auf dem Altopiano del Montasio und warten darauf, dass die Fanhorden abrücken und die Straße wieder freigeben. Dann endlich kommen wir an unserem Auto an und machen uns auf den Weg zu unserem heutigen Hotel, das sich weder im Friaul noch überhaupt in Italien befinden wird, sondern in den Wäldern von Slowenien. Genau genommen in Kranjska Gora, bis wohin es in Wahrheit nicht mehr sonderlich weit gewesen wäre, nur, dass wir auf unserer verwinkelten und engen Straße inmitten der Berge an eine Weggabelung kommen, die einzige weit und breit, und den falschen Abzweig nehmen – und so beginnt unsere slowenische Odyssee.

Aber zu diesem Zeitpunkt können wir das noch nicht ahnen. Wir erreichen die Grenze und stehen vor einem Checkpoint, den heute niemand mehr kontrolliert. Grau und düster vor Eisen und Zement liegt er verlassen am Grund einer sonnenlosen Schlucht, von der Geschichte auf den Dachboden verbannt. Da sind noch die befestigten Posten, in denen die Grenzoffiziere saßen, mit ihren dunklen Luken, durch die gesprochen wurde. Ich steige aus dem Auto, beuge mich hinunter und blicke hinein, sehe nichts, aber stelle mir ernste Augen vor, die mich mustern, schwere Mäntel mit Pelzkrägen, die sich mit gigantischen Schnurrbärten verweben.

Ich denke an die Menschen, die an meiner Stelle vor Angst gezittert haben, ihre Dokumente fest von schwitzenden Händen umklammert, an all die verlorene Zeit, die hier stillstand, die ganze Sorge und Angst, die diese unwürdige Angelegenheit viele Jahre lang so vielen Leuten eingejagt hat. Nur, dass die Jahre vergangen sind und kein Checkpoint den Lauf der Geschichte aufhalten kann. Heute Abend schreiben wir die Geschichte – so heißt es in einem Lied, das ich überhaupt nicht leiden kann –, Enzo und ich, ein Ligure, der beinahe für die Christdemokraten im Parlament gesessen hätte, und ein Nichtsnutz, der schreibt. Wir passieren die Grenze, ohne dass uns irgendjemand nach irgendetwas fragt, wir halten nur einen Augenblick an, weil uns danach ist, es zu tun, dann fahren wir gemeinsam mit der Geschichte schnell, schnurstracks und unaufhaltsam fort.

Auch wenn wir zugegebenermaßen auf dem falschen Weg sind.

In diesem Moment habe ich aber keine Zeit, das zu bemerken. Denn ich muss noch den Artikel des heutigen Tages fertigschreiben und an den *Corriere* schicken, wo Dallera ihn gegen neun Uhr erwartet. Nur, dass es fast schon zehn ist, also schreibe ich mit dem Laptop auf den Beinen, geplagt von zahllosen übelkeitbescherenden Kurven und einem Navi, das immer kompliziertere Anweisungen wiederholt.

Ich muss sagen, dass ich vor dem Giro nie das Navi im Auto benutzt habe, aber jetzt habe ich verstanden, wie es funktioniert: Es ist ein sicheres und nützliches Werkzeug, um sich nicht zu verfahren, aber wenn es vorkommt, dass du dich trotzdem verfährst, nützt dir ein Navi herzlich wenig.

Es schickt dich irgendwo hin, vielleicht über alternative Routen, die es sich in diesem Moment ausdenkt, aber du fängst an, ihm nicht mehr zu vertrauen, und schließlich hörst du ein bisschen auf das Gerät und fährst ein bisschen nach Gefühl, und anstatt dass beide eine harmonische Mannschaft bilden, entfesselt sich ein Kampf zwischen Mensch und Computer, der für uns menschliche Wesen immer schlecht ausgeht. Denn das Navi muss keinen Zeitungsartikel verschicken, es muss nicht essen und trinken, um sich am Leben zu halten, und wenn wir uns mitten in der slowenischen Nacht verirren, muss das Navi nicht fürchten, von Wölfen angeknabbert zu werden.

Wie auch immer, ich speichere den Artikels, so wie er ist, ab, nur schade, dass es inmitten dieser finsteren Wälder nicht den Hauch einer Internetverbindung gibt und ich ihn nicht abschicken kann. Ich bin mir sicher, dass Dallera in der

Redaktion und Tomaselli im anderen Auto (der sicher schon lange im Hotel angekommen ist) just in diesem Moment versuchen, mich anzurufen, um zu fragen, was zum Teufel los ist, aber genau wie die Verbindung zum Internet fehlt auch jedes Telefonnetz, und im Auto herrscht nichts als drückende Stille.

Drückende Stille und die Gewissheit einer Tatsache, die Enzo aber niemals zugeben würde, nämlich dass wir uns verfahren haben.

»Nein, nein«, sagt er, mit einem Lächeln, das selbst in der Dunkelheit vor Scham leuchtet, »ich bitte dich, dass wir uns verfahren haben, das fehlte ja wohl noch!«

Aber dann, als uns auf der Straße endlich ein anderes Auto entgegenkommt, stellt sich Enzo ihm in den Weg um es anzuhalten. Es ist ein Jeep, aus dem ein robuster Typ mit langem Bart und kariertem Hemd aussteigt, so offensichtlich ein Holzfäller, dass es fast schon wieder künstlich wirkt.

»Na los, rede du mit ihm, du kennst dich doch mit Sprachen aus!«, fordert mich Enzo auf.

»Mag sein, aber mit Slowenisch kenne ich mich wenig aus.«

»Und wenn schon, ist doch egal, frag ihn halt auf Englisch!«

»Okay, aber was soll ich ihn denn fragen?«

Enzo denkt einen Moment darüber nach, und ich hoffe inständig, dass er mir sagt, ich solle den Holzfäller nach der Richtung unseres Hotels fragen, danach, wo genau sich denn nun der Abzweig zu der Skistation befindet, die wir erreichen möchten... Kurzum: nach feinen Detailinformationen, die demjenigen nützen, der seine Richtung genau kennt und dem nur ein kleines Stückchen fehlt, um am Ziel anzukommen.

Stattdessen erwidert Enzo, die Augen aufs Armaturenbrett gerichtet und so tuend, als würde er sich für die zahlreichen Kontrollknöpfe dort interessieren: »Frag ihn, wo wir sind.«
»Wie bitte? Wir wissen also nicht, wo wir sind?«
»Natürlich wissen wir, wo wir sind, wir sind in Slowenien. Wir wissen quasi mit Sicherheit, dass wir in Slowenien sind.«
»Quasi mit Sicherheit?«
Enzo sagt nichts weiter, ich nehme den Laptop von den Knien, werfe ihn auf den Rücksitz und steige aus auf die Straße, die diesen mysteriösen Ort in zwei Hälften teilt.

Ich habe mich in meinem Leben bisher schon oft verirrt, aber jetzt begreife ich, dass man sich noch nie richtig verirrt hat, bis man jemanden fragen muss, in welchem Land man sich eigentlich befindet.

Zum Glück ist der Holzfäller freundlich, spricht ein wenig Englisch, aber die beunruhigende Sache ist die, dass ihm der Name Kranjska Gora überhaupt nichts sagt, auch wenn ich versuche, es ihm auf viele verschiedene Arten verständlich zu machen. Er schüttelt den Kopf und erklärt mir, dass er den Namen des Ortes noch nie gehört habe, was komisch ist, da es das einzige wichtige Zentrum in dieser Ecke des Landes sein sollte. Also ist das Problem vielleicht, dass die Gegend, in der wir uns gerade befinden, nicht mal zum weiteren Umland von Kranjska Gora zählt.

In unserer Verzweiflung beschließen wir, wieder bei null anzufangen: Mit gesenktem Kopf kehren wir um, quasi bis zum Punkt unserer Abreise. Wir kommen wieder am offenen Grenzübergang vorbei, passieren ihn, bis zu jener verfluchten Abzweigung, an der dieser ganze Albtraum begann. Diesmal nehmen wir allerdings die richtige Richtung, und mit einem

Schlag wacht das Navi wieder auf, mimt den Neunmalklugen und versichert uns, dass es nicht mehr weit zum Ziel sei. Und im selben Moment passiert etwas, was so in Italien noch nie gesehen wurde: Auf dem Bildschirm erscheint eine Nachricht, die mich in Slowenien willkommen heißt und mir eine schnelle und komplett kostenfreie Internetverbindung anbietet. Es ist spät, aber endlich kann ich der aufgebrachten Redaktion meinen Artikel schicken. Dann kommen wir an unserer Herberge an, und drinnen gibt es ein Selbstbedienungs-Büfett, das praktisch bereits komplett leergefuttert ist. Nur von den runden Dingern, die wohl Tintenfisch sein sollen, ist noch etwas übrig, aber meiner Meinung nach sind das eher Tennisbälle, die in Sauce ertränkt wurden. Ich nehme mir ein paar und stecke mir einen nach dem anderen in den Mund, danach gehe ich rauf aufs Zimmer und breche auf dem Bett zusammen, wo ich schrecklichen, angsteinflößenden Träumen ausgesetzt bin, Träumen voll von Grenzübergängen und Holzfällern, die mir die ganze Nacht über schwer auf der Seele lasten. Zusammen mit den Tennisbällen.

Wie Castagna mir die Hand schüttelte

15. Mai, elfte Etappe: Tarvisio–Vajont

Heute ist alles anders. Keine hupende Medienkolonne, keine Wägen, die die Dörfer mit Diskomusik in voller Lautstärke beschallen. Ich halte das für eine hervorragende Entscheidung, am liebsten würde ich es immer so haben, ohne dass es einen besonderen Grund dafür bräuchte. Aber heute gibt es einen Grund, und was für einen.

Es geht in Tarvisio los, oder besser gesagt bei Cave del Predil, den ehemaligen Blei- und Zinkminen, die sich in den Monte Re hineingefressen haben. Die Stollen erstreckten sich auch unter dem Städtchen, bis 1910 eine Felswand einstürzte und das Wasser des Sees unaufhaltsam in die Mine eindrang. Zahlreiche Stollen sackten ab, und mit ihnen stürzte auch das Krankenhaus ein, das 150 Meter in die Tiefe einbrach.

Und während das der heutige Startort ist, befindet sich das Ziel in Erto e Casso, unter der Staumauer von Vajont, an der sich vor fünfzig Jahren eine weitere Tragödie ereignete.

Eine Etappe also, die aus Schmerz beschaffen ist, Schmerz und Erinnerung, ausgerichtet von einem Sport, der mit seinen tragischen Geschichten und Rekorden selbst einen morbiden Ruf hat: Alles, was heute im Radsport passiert, verbinden die Fans auf irgendeine Weise mit dem, was sich vor zwanzig, dreißig oder hundert Jahren zugetragen hat. Während eines Champions-League-Endspiels würde niemand anfangen, über ein 1952 ausgetragenes Halbfinale zu sprechen, oder über eine Streiterei, die ein Landesmeisterpokal-Match in den 1970er-Jahren entfachte. Im Radsport dagegen ist das das Normalste der Welt. Das Stilfser Joch wird überquert und sofort werden die Geschichten von Coppis Heldentaten in diesen Haarnadelkurven hervorgekramt, die 2013er-Ausgabe von Mailand–Sanremo startet, und das dringlichste Thema scheint zu sein, wie oft Girardengo dieses Rennen in den Zwanzigerjahren gewonnen hat.

Eine irrsinnige und fabelhafte Angewohnheit, die jedoch oftmals droht, die Macht der Gegenwart zu verdunkeln. In dem Bemühen, in Gedanken Bilder von dem heraufzubeschwören, was einmal gewesen ist, bemerken wir häufig nicht, was wir vor Augen haben. Deswegen versuche ich heute, da die Etappe der Erinnerung ansteht, zu verstehen, was gerade jetzt passiert, anstatt mich an das zu erinnern, was vor fünfzig Jahren passiert ist.

Und so halte ich, während ich mich frage, ob es die Ausreißergruppe des Tages wohl schaffen wird, unterhalb des Ziels Ausschau nach Roberto Padrin, dem Bürgermeister von Longarone. Er ist 43 Jahre alt, und inmitten der Fans erkenne ich ihn nur deshalb, weil er der Einzige mit einem Sakko ist. Und weil alle ankommen, um ihn zu begrüßen, und er die Hände mit jenem Händedruck schüttelt, der in den letzten Jahren in Mode gekommen ist, diesem hohen Handschlag, so ähnlich wie bei einem Armdrücken. So machen es jetzt alle repräsentativen Männer unserer Nation: Fußballer, Bachelor-Kandidaten, Manager, Fernsehmoderatoren und offenbar ebenfalls Bürgermeister, alles in allem diejenigen, die darauf abzielen, ein Image von Vertrauenswürdigkeit, Innovationskraft und Jugend zu vermitteln.

Das erste Mal, dass ich diesen Handschlag gesehen habe, benutzte ihn der Fernsehmoderator Alberto Castagna, als er in der Sendung *Stranamore* auf seine menschlichen Schicksale traf. Es handelte sich um Männer, die von der Leidenschaft für eine Frau, die sie zurückgewiesen hatte, gebrochen worden waren, und da tauchte nun also Castagna auf und gab ihnen diesen energischen Handschlag, um damit in telegener Manier Komplizenschaft und Nähe mit einer Reihe von Verzweifelten zu demonstrieren. Ihre persönlichen Probleme, die sie plagten, so gaukelte der Moderator mit seiner Geste vor, würden auch ihm zutiefst am Herzen liegen, er würde sich schon um sie kümmern. Wenn man so darüber nachdenkt, ist es eine Geste, die sich besonders für Bürgermeister eignet. So wie für diesen heute, aber ich höre ihm zu, und was er zu sagen hat, klingt nicht schlimm.

»Heute ist ein wunderbarer Tag für uns. Longarone braucht die Solidarität von ganz Italien sehr, und der Giro erlaubt es uns, der ganzen Nation die Schönheit dieses Fleckchens Erde und das, was wir die letzten Jahre erreicht haben, auch dank der Hilfe der Menschen, vor Augen zu führen.« Er ist ein sportlicher Typ, der Bürgermeister. Ein Ex-Fußballer, der für Belluno gespielt hat, mit dem Verein 2003 in die Serie C2 aufgestiegen ist, die vierthöchste Spielklasse, und zudem fast fünfzig Tore für die italienische Bürgermeister-Nationalmannschaft erzielt hat. Von deren Existenz ich nicht einmal wusste, und ich kann mir so eine Auswahl irgendwie auch nur schwer vorstellen. Ich glaube nicht, dass sie viele Fans hat, die durch Italien reisen, um sie zu unterstützen, und als ich ihn frage, wie es sich denn tatsächlich mit diesem Auswahlteam verhält, antwortet mir der Bürgermeister nur: »Das Durchschnittsalter ist recht hoch.«

Jedenfalls hat niemand einen Gedanken an Fußball verschwendet, um an den fünfzigsten Jahrestag der Vajont-Katastrophe zu erinnern, denn der Radsport ist einfach perfekt dafür geeignet. Er ist nicht in ein Stadion eingesperrt, und wenn er kommt, packt er einen wirklich mitten im Leben. Er hat diese Fähigkeit, dich glauben zu lassen, dass du nur einer einzigen Sache folgst, und stattdessen rückt er dir so viele andere Dinge vor die Nase, dass du sie nicht einmal bemerkst.

»Wir sind glücklich, dass der Giro zu uns gekommen ist«, fährt der Bürgermeister fort, »nur beim Anblick dieses Ortes kann man verstehen, was an diesem Tag wirklich geschehen ist.«

Ich blicke zur Staumauer und zur klaffenden Wunde im Berg hinauf, und zu dieser bröckeligen, schroffen, überhängenden Felswand dort oben. Der Bürgermeister hat etwas sehr Wahres zu mir gesagt: Um diese Sache zu verstehen, muss man herkommen und sie mit eigenen Augen sehen. Man kennt vielleicht die Geschichte der Tragödie, hat sie auf viele verschiedene Arten erzählt bekommen, doch dann kommt man her, und schlagartig wird einem klar, dass man gar nichts verstanden hat. So als hätte man schon unzählige Geschichten von Schlägereien gehört, und dann erwischt einen plötzlich ein echter Hieb, ein Schlag aus Fleisch und Knöcheln, mitten ins Gesicht. Ein Schlag der Realität, der einem den Atem nimmt.

Denken Sie an den Ort, an dem Sie geboren wurden und aufgewachsen sind, an Ihr Haus und die Häuser drum herum, an die Straßen, in denen Sie gespielt haben, an die Kirche, in die Sie am Sonntag mitgehen mussten, an die Ecke, an der Sie zufällig eines Tages den Menschen getroffen haben, den Sie lieben. Und von einem Augenblick auf den anderen ist alles verschwunden, fortgetragen von einer so kolossalen Kraft, dass sie die Dinge nicht einfach nur niederreißt, sondern für immer auslöscht. Es kommt einem unwirklich vor, und doch ist es hier geschehen. Und Gian Vito Graziano, der Vorsitzende von Italiens landesweitem Geologen-Ausschuss, erklärt mir, dass es sich an einer ganzen Reihe anderer Orte wiederholen könnte.

»In Italien drohen vielerorts Erdrutsche. Auch große Zentren sind in Gefahr, sogar Provinzhauptstädte. Schuld sind Unvernunft im Umgang mit der Landschaft, illegale Bauvorhaben und wenig nachhaltige Flächennutzungspläne.«

Ich sehe erneut zum Berg hinauf, der in der Mitte vom Erdrutsch durchfressen wurde, sehe die Schlucht dort am Fuß dieser spitzkantigen Welten. 2008 hat die UNO die Vajont-Staumauer offiziell als das weltweit schlechteste Beispiel für den Umgang mit Landschaft und Umwelt anerkannt. Der Schriftsteller Mauro Corona, der am heutigen Zielort, in Erto, geboren wurde und dort lebt, hat sie als eine »vertikale Titanic« beschrieben. Ich blicke auf die stattliche Zementstruktur, den Felsvorsprung darunter, und seine Beschreibung pflanzt sich mir perfekt ins Gehirn ein.

Der Generalsekretär des Geologen-Ausschusses, ein Mann namens Pierfederico De Pari, erklärt mir: »Wir müssen auf unsere Entscheidungen achtgeben, denn wir Menschen sind immer einen Schritt hinter dem Respekt vor der Natur zurück, die im Gegensatz zu uns ihren eigenen Plan hat und ihn stets ausführt.« Ich nicke, auch wenn ich nicht ganz sicher bin, ob ich ihn richtig verstanden habe.

Aber vielleicht muss man heute auch nicht verstehen. Was zählt, ist das Gefühl, das in meiner Brust bleibt, während die Sonne hinter den schroffen und spitzen Kanten der Dolomiten verschwindet. Ich glaube, dass es das gleiche Gefühl ist, das von denen empfunden wird, die die heutige Etappe des Giro verfolgt haben. Eine Etappe, die im Gesamtklassement vielleicht nichts verändert hat, aber doch viele andere Wege gefunden hat, in uns einzudringen.

Meine Oma vermöbelt sie alle

16. Mai, zwölfte Etappe: Longarone–Treviso

Es gibt die Sprinter, die auf die flachen Meter direkt vorm Ziel warten. Es gibt die Kletterer, die auf den Anstieg warten. Und dann sind da die Ausreißer, die nichts zu erwarten haben und deshalb einfach fahren. Ohne wirkliches Motiv, und doch mit dem größten von allen: weil es keine andere Möglichkeit gibt.

Das ist es wohl, warum sie uns so gefallen, warum wir uns vor dem Fernseher wiederfinden und »Los, schneller, es ist nicht mehr weit, halt durch!« brüllen. Denn die Ausreißer sind die Hoffnung in der Hoffnungslosigkeit, sie sind das, was so schön wäre, wenn es passieren würde, und was doch nie passiert, während das große Feld hinter ihnen die harte Realität ist, die unerbittlich näherkommt und dich einholt und die Banalität der Dinge in unsere Mitte zurückbringt.

Während der Etappe nach Florenz hat mich meine Großmutter völlig aufgeregt angerufen: »Sie holen ihn doch nicht etwa wieder ein, oder?« Ich verstand nicht sofort: Meine Oma verfolgt den Radsport nicht, nur den Giro schaut sie, weil sie nie gereist ist und sagt, so könne sie all die Orte sehen, die sie in ihrem Leben versäumt hat. Am Telefon aber war sie verzweifelt: »Also, holen sie ihn ein oder nicht?« Sie sprach von Pirazzi, dem einzigen Italiener im Ausreißer-Trio. Ich habe ihr geantwortet, ja, es sei wahrscheinlich, dass er eingeholt werden würde. »Wie, ja, aber warum? Der Arme, das ist doch nicht fair! Wenn sie ihn einholen, ich schwöre es dir, dann komme ich und vermöbele sie!«

Nun gut, so ist meine Oma, aber sie ist nicht die Einzige, die sich für Pirazzi erwärmt, seine wilden Schüsse in den Ofen begeistern viele Fans entlang der Straßen des Giro.

Sechsundzwanzig Jahre alt und mit dem Namen eines Radprofis aus den Sechzigerjahren ausgestattet, hat Stefano Pirazzi schon mehrfach die Flucht angetreten, nach Matera, nach Florenz, zum Vajont-Stausee... kurzum: fast immer. So oft, dass die Frage schon nicht mehr lautet, ob es Ausreißer gibt, sondern: Wer ist denn heute mit Pirazzi ausgerissen? Das Rennen beginnt, und er tritt an, mit einer kleinen Gruppe Mutiger im Schlepptau, denen danach ist, ihm zu folgen. Wie ein Reiseveranstalter, der Abenteuerausflüge organisiert. Mit dieser Taktik hat er sich das Blaue Trikot des besten Bergfahrers gesichert, und auch wenn ein Etappensieg noch auf sich warten lässt, sind die Fans ihm dankbar, denn seine Art, Rennen zu fahren, sorgt auch bei Etappen mit weniger mitreißender Streckenführung so wie der heutigen von Longarone nach Treviso für Aufregung.

Ich erfahre, dass Longarone die Stadt des Speiseeises ist, gerade als wir sie hinter uns lassen und es zu spät ist, besagtes Eis zu kosten. Enzo schlägt vor, umzudrehen und uns einen

Becher oder ein Hörnchen zu genehmigen, aber das geht nicht. Wir haben eine Verabredung, und außerdem können wir nicht gegen die Fahrtrichtung des Rennens fahren. Also verspreche ich ihm, dass wir in Treviso ein Eis essen, am Ziel der Etappe.

»Aber das gute Eis machen sie in Longarone, in Treviso gibt es nur normales Eis!«

»Na gut, Enzo, dann machen wir es so, dass wir uns in Treviso ein riesiges Eis holen. Es wird vielleicht weniger gut sein, dafür aber mehr. In Ordnung?«

Er sagt nichts, richtet die Augen auf die Straße und seufzt, aber ich merke, dass er aufs Gaspedal drückt, um früher anzukommen.

Aber es gibt keinen Grund zur Eile, denn die Etappe hat noch gar nicht angefangen. Die Fahrer sind noch in ihren Hotels, um sich vorzubereiten, und wir sind auf dem Weg zu jenem des Teams Bardiani Valvole-CSF, um uns richtig mit Stefano Pirazzi zu unterhalten.

Es weht ein Wind, der die Regenschirme verbiegt, und es regnet so heftig, dass wir nach den zwei Schritten vom Auto zum Eingang komplett durchnässt sind. Ich gehe hinein, nehme mir eine Zeitung und will mich abtrocknen, doch dann sehe ich, dass Pirazzi bereits an einem Tisch sitzt, mit dem Rücken zum Fenster, und mich erwartet.

Ich frage ihn, ob dieser Sturm seine Pläne für den heutigen Tag durchkreuzt. Und er: »Sehen Sie, wie ich mich hingesetzt habe? Ich schaue nicht einmal nach draußen. Was für ein Wetter ist, interessiert mich nicht, mir ist es gleich, ich fahre einfach. Ich fahre seit zwanzig Jahren Rennen und habe es immer so gemacht.«

Ich frage ihn, was ihm die Kraft gibt, weiterzumachen, wenn er schon seit mehreren Stunden auf der Flucht ist, das große Feld hinter ihm sich nähert und die Energiereserven schneller schrumpfen als die Zahl der Kilometer, die bis zum Ziel verbleiben.

»Es gibt Momente, in denen mir die Beine zu Blei werden, ich nicht mehr kann und aufgeben will. Aber dann denke ich an all die Mühe, die ich mir gemacht habe, um an diesen Punkt zu kommen, wie viel Schweiß ich vergossen habe, also reiße ich mich zusammen und fahre fort, daran zu glauben. Und ich weiß, dass ich am Ende vielleicht nicht gewinne, aber das ist kein Drama. Das Wichtigste ist, dass ich es versucht habe.«

Sicherlich, das Größte der Gefühle wäre für ihn, eine Etappe zu gewinnen, aber der Sieg ist keine Obsession: »Als Kind war ich vernarrt in Pantani, wie alle anderen auch. Und das, womit Pantani die Menschen begeisterte, waren nicht seine ersten Plätze, es waren seine heroischen Attacken, es war die Tatsache, dass er es immer versuchte. Immer.«

Geboren in Ciociaria als Sohn eines Maurers und einer Hausfrau, steht Pirazzi jeden Morgen auf, sieht sich um, denkt daran, dass sie ihn fürs Radfahren bezahlen, und fühlt sich bereits wie ein glücklicher Mann.

»Ich habe eine abgeschlossene Ausbildung als Elektroniker, aber mein Leben ist dieses hier, das Leben auf der Straße. Ich hatte immer wenig Freizeit, zwischen den Rennen und dem Training. Aber das ist nicht schlimm, ich bin ein eher ruhiger Mensch, habe ein dreijähriges Kind und mein Traum ist es, meine Freundin zu heiraten, das sind die Dinge, die ich will.«

Ein süßes, sanftes Glück, das gar nicht zu seiner wilden Art und Weise passt, das Renngeschehen an sich zu reißen. Aber er selbst ist es, der mir erklärt, was ihn antreibt, wenn er in die Pedale tritt: »Ich bin glücklich mit meinem Leben, aber es ist nicht so, dass ich zufrieden bin. Ich hänge mich rein, ich lasse es auf den Versuch ankommen, denn um wirklich glücklich zu sein, muss ich abends mit dem Wissen ins Bett gehen, dass ich alles getan habe, was ich konnte. Ich fahre los, und dann wird man sehen, wie es am Ende ausgeht. Wenn man vorher zu viele Berechnungen anstellt, läuft es darauf hinaus, dass man sich nie aus der Reserve wagt.«

Ich danke ihm, hülle mich in meinen Regenmantel und halte mir die Zeitung vors Gesicht, und er muss lachen, als er mich derart ausstaffiert ins Unwetter stürzen sieht. Radrennfahrer wie Pirazzi kümmern sich nicht um das Wetter, sie haben ein klares Ziel vor Augen und alles andere existiert nicht, sie kommen aus dem Hotel, steigen aufs Rad und eilen davon.

Auch heute setzt sich eine Ausreißergruppe ab, bestehend aus fünf Fahrern, die die Zähne zusammenbeißen und die gesamte Etappe durch strömenden Regen fahren, sodass es fast an Freistilschwimmen erinnert, wie sie in die Pedale treten. Sie haben es versucht, sie haben daran geglaubt, und wir haben mit ihnen gehofft. Aber dann, kurz vorm Ziel, hat das Peloton sie wieder eingeholt, und statt ihres unmöglichen Traums hat sich der zehnte, vorhersehbare Etappensieg des englischen Sprinters Mark Cavendish erfüllt. Aber der Gewinner kann beruhigt sein und den Erfolg genießen: Diesmal war Pirazzi nicht in der Ausreißergruppe dabei, ich glaube also nicht, dass meine Oma kommen wird, um ihn zu vermöbeln.

Nichtsdestotrotz, auch ohne die handgreifliche Intervention meiner Großmutter gibt es jemanden, der aus dieser Etappe arg ramponiert hervorgeht. Es ist Bradley Wiggins, der Sieger der Tour de France 2012, der morgen nicht wieder antreten wird. Er und das Team Sky sind zum Giro gekommen, um sich als Herrscher aufzuspielen, aber ihre mathematische Herangehensweise an den Radsport ist Etappe für Etappe mit dem Regen untergegangen, der auf das Rennen niederprasselte. Während andere Fahrer es geschafft haben, sich mit Mut und der Kraft der Verzweiflung über Wasser zu halten, wurde Wiggins von der Berechnung ausgebremst, von der computerisierten Leistungsüberwachung, von der so modernen und absurden Idee, dass man sich für ein Radrennen oder das Leben am Schreibtisch vorbereiten kann, bevor man es wirklich vor sich hat.

Mit einer solchen Haltung beim Giro anzutreten, ist einfach absurd. Es ist so, als wolle man den Kongo hochschwimmen, einen Fluss von immerhin 4.700 Kilometer Länge, und man bereitet sich auf dieses Unterfangen vor, indem man diese Distanz im Schwimmbad zurücklegt und sich denkt, dass das schon klappen wird. Aber nein, solche Tests und Messungen haben nichts mit der Realität gemeinsam, sie vermitteln dir nur eine sterilisierte Idee davon, was dich erwartet, eine Idee, die nach Chlor und Theorie riecht. Und dann springst du in den Kongo, den richtigen Kongo, und auf einmal sind da der Schlamm, der Schlick, die Stromschnellen und Strudel, die Krokodile und die Blutegel, die Schlangen und eine Million anderer finsterer, glitschiger Bestien, die du nicht erwartet hast, die aber aus den Winkeln der Realität hervorschießen.

Und von heute an weiß Wiggins das, nach einer komplett flachen Etappe, bei der er mit dreieinhalb Minuten Rückstand das Ziel erreicht hat. Eine Ewigkeit, eine Kluft so riesig wie der Abstand zwischen dem echten Leben und dem, was Menschen planen, die sich mächtiger als das Schicksal fühlen. Morgen wird der britische Favorit nicht wieder antreten. Der Giro hat ihn erschöpft und ausgelaugt. Bradley Wiggins kehrt mit einer Moral am Nullpunkt, aber mit einer sehr nützlichen Lektion nach Hause zurück: »Der Giro ist das schwerste Rennen der Welt«, sagt er.

Dann verabschiedet er sich und begibt sich ins Hotel, die Windjacke bis oben zugezogen, und blickt sich mit Augen voller Misstrauen in dieser Welt um, die so schrecklich und unvorhersehbar ist, so grausam real.

Die Einsamkeit des Sprinters

17. Mai, dreizehnte Etappe: Busseto–Cherasco

Ich verstehe nichts von Kunst, aber da gibt es einen Ausspruch, der, glaube ich, von Picasso stammt und mir immer wieder in den Sinn kommt. Ein Satz, der besagt: »Ich suche nicht, ich finde.« Wie alle Sprüche, die gut klingen, könnte er alles oder nichts aussagen, und jeder nimmt ihn, wie es ihm passt. Ich zum Beispiel verstehe den Satz so, dass wir uns viel damit plagen, die Dinge zu suchen, die wir wollen, und doch kommt das, was wir wirklich brauchen, von alleine, auch wenn wir noch gar nicht wissen, dass wir es überhaupt wollen.

So habe ich Edwin Ávila kennengelernt, einen Fahrer des kolumbianischen Teams: durch Zufall, während ich auf einen anderen Fahrer wartete. Dann habe ich ihn getroffen, und von diesem Moment an ist er mein Lieblingsfahrer beim Giro geworden.

Es passierte an jenem Tag in der Nähe von Treviso, als ich den kolumbianischen Kletterer Darwin Atapuma treffen wollte. Darwin beendete noch seine Massagen, und während ich in der Lobby des Hotels auf ihn wartete, habe ich die anderen Fahrer des Teams kennengelernt. Alle haben gelächelt, aber dieser sehr junge Bursche, der klein wie die anderen war, aber nicht so dürr, sondern etwas robuster, ganz besonders. An diesem Tag hatte ich nicht viel Zeit, aber das bisschen, das ich von seiner Geschichte erfahren habe, hat mich verstehen lassen, dass ich mehr von ihm erfahren muss, und heute, da uns die Etappe von Busseto nach Cherasco führt, werde ich mich mit Edwin unterhalten.

Auch weil die Strecke des heutigen Tages flach und technisch eher langweilig ist, wird das Rennen kaum Material hergeben, worüber man schreiben könnte, und da wir Parma, Piacenza und die Langhe passieren werden, besteht das große Risiko, am Ende noch über die verdammte »Eccellenze Italiane« zu erzählen, die Italien einen so großen Ruf in der Welt beschert, doch wenn man in die betreffenden Orte fährt und sich umschaut, gibt es immer nur etwas zu essen oder zu trinken. Aber da mache ich nicht mit. Heute will ich nicht damit enden, über Trüffel und Salami zu schreiben, und auch nicht über Barolo oder Dolcetto oder die anderen Weine, die manche Herrschaften mit exaltierter Begeisterung aufzählen, während sich Wein für mich und alle anderen anständigen Leute bloß in zwei Kategorien aufteilt: in dunklen und durchsichtigen. So viel dazu.

Warum also sollte ich von diesem Blödsinn erzählen, wenn ich doch die Geschichte von Edwin Ávila hören kann, dem kolumbianischen Radprofi?

Ich begrüße ihn, und er lächelt. Wobei, vielleicht ist es gar kein Lächeln, sondern sein Gesicht, das so ist. Denn theoretisch hat er beim Giro wenig Grund zu lächeln: Ávila fährt für die kolumbianische Mannschaft, eine fanatische Sekte, die sich der extremistischen Form des Bergfahrens verschrieben hat, vereint unter einem harten und klaren Motto: »*Inspired by climbing*«, inspiriert vom Klettern. Denn in Kolumbien ist der Radsport nun mal so, die flache Ebene existiert nicht, man steigt in den Sattel und fährt unaufhaltsam hinauf bis in unmenschliche Höhen.

Edwin hingegen ist ein reiner Sprinter. Ein Mann, geboren im natürlichen Lebensraum der Kletterer, der für Massensprints gemacht ist. Darin liegt seine Größe, und auch sein Drama, denn sich in einer Mannschaft aus Kletterern in die Sprintentscheidungen stürzen zu wollen, ist das einsamste Handwerk der Welt.

Wenn die Etappen sich für Sprints eignen, haben deine Teamkameraden nicht die Power, neben dir zu bleiben und den Sprint für dich zu lancieren, und wenn es stattdessen Berge gibt, machen sie sich mit voller Geschwindigkeit auf den Weg die Gipfel hinauf, während du alleine am Schluss des Feldes hechelst, in der Hoffnung, irgendwie zu überleben. Kurzum, du bist immer allein auf dich gestellt, ohne Hilfe, ohne Unterstützung, ohne ein Wort des Trostes. Und das bräuchtest du am allermeisten, du, der gerade erst angefangen hat, Straßenrennen zu fahren. Bisher war dein Leben der Bahnradsport: Dort warst du stark, warst Weltmeister im Punktefahren. Doch hier auf der Straße musst du wieder bei null anfangen, in einer Welt, die aus Staub, Regen und Anstiegen besteht, das ist wahrlich Einsamkeit.

Zum Glück ist Edwin Alcibiades Ávila Vanegas, 24 Jahre alt, von Natur aus ein unbekümmerter Typ. Er ist der Clown in der Mannschaft, liebt Scherze und bringt alle zum Lachen. Oder besser gesagt, brachte alle zum Lachen. Denn im Laufe der Etappen wurde der Giro zusehends zur Tortur für ihn. Als jemand, der den Bahnradsport gewohnt ist, der üblicherweise überdacht und im Trockenen stattfindet, hatte er quasi tagtäglich Wetterunbilden zu erleiden, Sommerhitze und Eiseskälte, hat sich in Apulien einen Sonnenstich geholt und dann, als ihm die schrecklichen Anstiege der Dolomiten aufgetischt wurden, eine Bronchitis. Bei der ersten richtigen Bergetappe ist er als Letzter auf dem Altopiano del Montasio angekommen. Und die, die ihn auf dem Rücken liegend weggetragen haben, hat er mit dem bisschen Stimme, das ihm geblieben war, gefragt: »Seid ihr euch sicher, dass ich im Radsport richtig aufgehoben bin?«

Was die gleiche Frage ist, die er seinem Vater stellte, als dieser ihn mit sechzehn aufs Fahrrad setzte. »Denn der mit der wirklichen Passion für den Radsport war er, nicht ich. Mir gefiel Fahrradfahren nicht einmal.«

»Und welchen Sport mochtest du lieber?«

»Keinen, mir gefiel es, zu lernen. Ich wollte Medizin studieren und plastischer Chirurg werden. Ich würde es immer noch gerne machen, aber das geht jetzt nicht mehr. Mit all dem Training und den Rennen wäre das schwer. Seit einigen Monaten wohne ich in Italien, in der Nähe von Bergamo, ich muss mich noch eingewöhnen«, sagt er mir auf Spanisch, denn er spricht noch kein Wort Italienisch.

»Wobei, jetzt könnte ich wieder anfangen zu studieren, vielleicht im Fernstudium.«

»Immer noch plastische Chirurgie?«

»Ja, oder vielleicht Jura. Oder Raumfahrttechnik. Die Zeit habe ich jetzt, ich bin immer alleine«, fügt er hinzu, und für einen Moment lächelt er nicht mehr.

Auch das gehört zum Giro. Er teilt sich das Zimmer mit Kapitän Atapuma, sie sehen sich nur morgens, frühstücken zusammen und fahren zum Start, dann beginnt das Rennen und ihre spezifischen athletischen Eigenschaften trennen sie bis zum Schluss: »Darwin sehe ich erst im Hotel wieder, beim Abendessen.«

Aber diese Situation, die viele deprimieren würde, macht ihm nicht zu schaffen. Auch weil er, so wie er darüber nachdenkt, Chirurg, Anwalt oder Astronaut zu werden, dem Abenteuer Radsport trotzdem mit unbeirrbarem Optimismus entgegenblickt. Als ich ihn frage, welche Rennen er in seiner Karriere noch zu gewinnen hofft, antwortet er mir ernsthaft: »Naja, ich will natürlich den Giro gewinnen und die Tour de France und die Spanien-Rundfahrt.« Sonst nichts? »Doch, die Straßen-WM und Gold bei den Olympischen Spielen.«

Auch hier beim Giro macht sich Edwin, obwohl er fraglos und deutlich erkennbar von Erschöpfung gekennzeichnet ist, am Vorabend der härtesten Etappen keine Sorgen. Auf dem Altopiano del Montasio ist er als Letzter angekommen, so wie auch auf den drei folgenden Etappen bis heute. Aber er ist angekommen. Er könnte sagen, es reicht, und das Rennen aufgeben, die Mannschaft würde es verstehen, aber er denkt nicht einmal daran.

Im Gegenteil, mit verträumten Augen erzählt er mir: »Wissen Sie, die Etappe nach Brescia passt gut zu meinen Fähigkeiten, vielleicht gewinne ich die.«

Ich beobachte ihn, um zu verstehen, ob er einen Witz macht, aber er meint es ernst. Tatsächlich ist die Etappe nach Brescia flach und eignet sich für Sprinter, aber es ist auch die letzte Etappe des Giro, und dazwischen kommen noch der Col du

Galibier, der Stelvio, der Gavia, die Drei Zinnen von Lavaredo und unendlich viele weitere mörderische Anstiege. Aber ich brauche sie nicht aufzuzählen, Edwin kennt sie selbst, und doch: »Heute scheint es mir ein bisschen besser zu gehen, ich hab nicht mehr so hohes Fieber, warten wir mal ab.«

Schon morgen und übermorgen erwarten ihn mit dem Colle del Sestriere und der Etappenankunft in den französischen Alpen zwei mörderische Herausforderungen. Jemand wird auf dem Galibier angreifen, um eine Heldentat zu vollbringen, aber wenn es Edwin gelingt, im Ziel anzukommen, wird seine Heldentat nicht weniger grandios sein.

»Ich hoffe, ich finde noch andere Sprinter, vielleicht können wir uns zusammenschließen und in unserem Tempo hochfahren.«

Aber er weiß bereits, dass seine Teamkameraden rasch nach dem Start hinter den Kurven verschwinden und ihn zurücklassen werden, immer weiter wird er zurückfallen, vorbei an nie zuvor gesehenen Orten, inmitten von fremden Menschen, die nicht seine Sprache sprechen. Bis er sich ganz alleine wiederfindet, niemand mehr an seiner Seite, aber vor ihm, leuchtend, sein Sieg.

Beiß die Zähne zusammen, Edwin, umgreif den Lenker und zieh! Dort in der Ferne, jenseits von Sestriere, jenseits des Col du Galibier, jenseits der Drei Zinnen, wenn du deinen Blick weitest, siehst du vielleicht Brescia, das dir aus der Ebene entgegenlächelt. Dort warten alle auf dich, und wenn du ankommst, umarmen sie dich fest und innig, und du bist nicht mehr alleine.

Es lebe die Pracht des dichten Nebels

18. Mai, vierzehnte Etappe: Cervere–Bardonecchia

Heute habe ich eine wunderschöne Etappe angesehen. Wobei, eigentlich habe ich sie nicht gesehen, und vielleicht hat sie mir deshalb so gut gefallen, denn anstatt sie zu sehen, habe ich sie gehört.

Dem schlechten Wetter, das den Giro praktisch jeden Tag überwältigt hat, ist es heute wahrlich gelungen, ihn zu ertränken, den Schlussanstieg nach Sestriere aus dem Programm zu nehmen und zu verhindern, dass Helikopter aufsteigen. Was bedeutet: Keine Bilder vom Rennen, und das Fernsehen musste über Stunden Aufnahmen vom Nebel an der Ziellinie übertragen, begleitet von der Erzählung dessen, was auf der Straße passiert.

Radsport als Hörerlebnis also, der mir ziemlich gut gefällt. Ich habe ihn zufällig vor ein paar Jahren entdeckt, an einem Tag, an dem ich unbedingt nach Bologna musste, obwohl eine Pyrenäenetappe der Tour de France anstand.

Wenn ich während der drei Wochen des Giro oder der Tour wirklich irgendwo hinfahren muss, nehme ich die jeweilige

Etappe eigentlich auf und sehe sie mir dann später, wenn ich nach Hause komme, direkt an und tue so, als wäre es eine Liveübertragung. Aber an besagtem Tag hatte ich es vergessen, und mir fiel erst auf, dass ich die Etappe verpassen würde, als ich schon im Zug nach Bologna saß.

Ich blickte mich voller Panik um, wusste nicht, was ich tun sollte, die nächstbeste Lösung schien mir, mich aus dem Fenster zu stürzen und zur nächsten Bar zu hinken. Dann erinnerte ich mich glücklicherweise, dass mein prähistorisches Handy genau zwei weitere Funktionen hat, Taschenlampe und Radio, also suchte ich mit zitternden Fingern die richtige Frequenz und fand am Ende den krächzenden Radiobericht über die letzten Kilometer der Etappe. Und plötzlich explodierten die Emotionen.

Ohne die scharfen Fernsehbilder, ohne die platte Realität des Bildschirms, kamen mir unzählige, viel funkelndere Bilder vor Augen, um sich stürmisch in meinem Kopf zu entfalten. Ein nur angedeuteter Anstieg wird zum überfallartigen Manöver, das die Tour aus den Angeln hebt, ein Helfer, der mal zwei Minuten an der Spitze des Feldes fährt, wird zu einem ehemaligen Sklaven, der sich auflehnt und zum Koloss wird, wild entschlossen, die Mauer der Legende gewaltsam zu durchbrechen.

Seit diesem Tag beschenke ich mich ab und zu mit einer Etappe im Radio oder ich mache den Fernseher im Wohnzimmer an, gehe dann in die Küche und höre von dort zu. Genau das Gleiche mussten gestern alle Radsportbegeisterten der Welt tun, als die Etappe stundenlang nur aus gespenstischem Nebel und Aufnahmen einer fest montierten Kamera bestand.

Aber auch für uns, die wir auf der Strecke unterwegs waren, war das Spektakel kein anderes: Wir fahren nach Sestriere hinauf, und alles ist weiß, um uns herum, über und unter uns. Und an einem bestimmten Punkt, durch wer weiß welchen Riss im Bildschirm der Wolken, kommt aus dem Himmel plötzlich ein Lichtstrahl, der alles entzündet und uns in einem ungreifbaren weißen Schein durch die Landschaft gleiten lässt.

Ich verliere mich in diesem magischen Moment, der mich für eine Weile sprachlos zurücklässt. Und als ich die Worte wiederfinde, sind die einzigen, die ich zu sagen vermag: »Ich glaube, dieses Licht ist es, von dem die Leute berichten, die im Koma gelegen haben.«

»Äh, okay...«, sagt Enzo.

»Na, du weißt schon, die Leute, die wieder aufwachen und sagen, sie hätten ein so helles Licht gesehen, das vielleicht das Paradies ist.«

»Ja, ja, und sie haben recht, genau das ist es.«

»Genau das ist was, bitte?«

»Das Licht, das man sieht, wenn man im Koma ist, ist genau dieses dort, das stimmt.«

»Also entschuldige mal, Enzo, was weißt du denn schon davon, bist du jetzt auch noch im Koma gewesen, oder was?«

»Natürlich war ich schon mal im Koma, du etwa nicht?«, erwidert er, beinahe erstaunt. Dann erklärt er mir, dass er mit dreißig Jahren einmal ein Medikament genommen hat, gegen das er allergisch war, und für drei Wochen im Koma lag, danach ist er aufgewacht, und weiter ging es.

Und ich kann es nicht glauben, und gleichzeitig scheint es mir so normal, dass dieser Mann, der in seinem Leben alles gemacht hat und an jedem Ort der Welt war, auch mit einem kurzen Besuch ins Jenseits vorgeritten ist.

Dann verschwindet der Lichtstrahl, und alles wird wieder dunkel und gespenstisch, wie auch alle Fans, die oben am Gipfel in Sestriere kampieren, gespenstisch sind, quasi im Winterschlaf und doch glücklich, in seliger Erwartung eines Rennens, das leider nie bei ihnen eintreffen wird. Vom Giro-Auto aus ist es an mir und Enzo, den bedauernswerten Radsportliebhabern mit ihren Stiefeln voller Schnee die bittere Neuigkeit zu überbringen, den Familien, die mit dem Wohnmobil da sind, den Burschen, die sich als Indianer, Engel oder Teufel verkleidet haben und für den Anlass schon ordentlich angetrunken sind. Sie verharren auf der Stelle wie eingefroren, weniger aufgrund der Kälte als aus purer Enttäuschung. Viele verfluchen die Götter, ein Herr mit Schnurrbart weint bitterlich, zwei Jungs treten gegen unser Auto. Ich kann sie sogar verstehen, die Armen: Mag sein, dass das Wetter und ein Mai, der sich wie tiefster Winter anfühlt, schuld sind, aber wie will man gegen den Wetterbericht treten, gegen atmosphärische Störungen, gegen Tiefdruckgebiete, die große Wolken über unseren kleinen Leben ausbreiten? Das geht nicht, also kann an dieser Stelle ein Tritt gegen ein Giro-Auto durchaus einen Sinn ergeben.

Dann aber schlüpfen wir alle in eine Bar kurz unterhalb der Passhöhe, vor der draußen zahlreiche rosa Luftballons aufgehängt wurden, die nun ganz umsonst im Wind herumzappeln, während darunter eine unheimliche Schaufensterpuppe reglos auf einem rosa Fahrrad hockt und mit toten Augen den Spuk des Rennens verfolgt. Deutlich lebendiger sind die Augen der

Kunden in der Bar, die sich den Nebel im Fernsehen anschauen und gebannt dem aufregenden Etappenbericht folgen.

Wenige und verwirrende Neuigkeiten, ungeprüfte Gerüchte, weitergereicht von Mund zu Mund entlang der vereisten Straßen, kommen letztlich bei uns an wie wertvolle Schmugglerware: Drei heldenhafte Ausreißer kämpfen gegen den Schnee und den Schmerz, das gnadenlose Peloton holt sie wieder ein, und im Anstieg zum Jafferau tritt er dann an, Vincenzo Nibali, das Rosa Trikot, mit einer energischen Tempoverschärfung in einer so steilen Rampe, dass der Hai, wenn er aus dem Sattel geht, nach hinten umkippen könnte. Der Einzige, der dieser vernichtenden Aktion nicht zum Opfer fällt, ist ein gigantisch starker Santambrogio, und die beiden entfachen Seite an Seite ein Duell, das gewiss in goldenen Lettern geschrieben Einzug in die Annalen des Radsports halten wird.

Doch dann, genau am Ende dieser epischen Heldentat, kehren die echten Bilder des Rennens zurück, dank der fest installierten Kameras, die den letzten Kilometer bis zum Ziel einfangen. Und man sieht einen Anstieg wie viele andere, ein bisschen Schneeregen, Nibali, der sich damit zufriedengibt, die anderen Favoriten abgeschüttelt zu haben, und den Sieg dem Begleiter Santambrogio überlässt, ohne überhaupt Anstalten zu machen zu sprinten. Verdammte fest installierte TV-Kameras. Verdammte HD-Qualität. Es lebe die Pracht des dichten Nebels.

Das Leben, mein liebster Schriftsteller

19. Mai, fünfzehnte Etappe:
Cesana Torinese–Col du Galibier

Heute kommen wir in Frankreich an. Auf dem Gipfel des Galibier, einem legendären Anstieg der Tour de France, der die Fahrer auf 2.641 Meter hinaufbringt und Stars wie Coppi, Bartali und den Piraten Pantani hat triumphieren sehen. Es ist einer dieser schrecklichen Berge, an dem sich die Straße ab einem bestimmten Punkt aufbäumt, die Vegetation drum herum vergisst zu wachsen und man lange Serpentinen zu erklimmen hat, die in den glühend heißen Fels gebaggert sind, ohne einen Moment der Erholung oder des Schattens unter der erbarmungslos von oben herabbrennenden Julisonne.

Nur, dass der Giro d'Italia nicht wie die Tour im Juli stattfindet, der Giro wird im Mai gefahren, und das Problem heute ist nicht die Sommerhitze, sondern der hohe Schnee.

Schon der Col du Mont Cenis, in der Mitte der Etappe platziert, um die Beine in Erwartung des Finales vorzubereiten, präsentiert sich als Weihnachtslandschaft mit kleinen Häuschen mit weißer Spitze und Kaminen, die kräftig Rauch ausstoßen, Menschen, die mit Skiern an den Füßen an der

Strecke ankommen, und einem wunderschönen, halb gefrorenen See, der verheißungsvoll durch den Nebel schimmert. Wir stürzen uns in den eisigen Schimmer der Abfahrt, passieren den Col du Télégraphe und dann Valloire, wo wir anhalten, um zu tanken, und ich, nun da wir im Ausland sind, ergriffen von einer seltsamen Nostalgie eine CD aus Enzos Sammlung heraussuche, die sich »Die erfolgreichsten italienischen Lieder« nennt.

Ich schiebe sie in den CD-Player und bereue es sofort, als *Ti Amo Ti* von Umberto Tozzi beginnt.

Es ist sehr, sehr lange her, dass ich dieses Lied gehört habe. Sechs Jahre alt war ich damals, und meine Mama hatte sich in den Kopf gesetzt, dass ich zu wenig esse, und der Doktor, erschöpft von ihren ständigen Anrufen, hatte ihr schließlich gesagt: »Signora, damit er Appetit bekommt, braucht es die Luft der Berge.« Und diese Worte, die der Arzt beiläufig hingeworfen hatte, um sich ein halbstündiges Telefonat mit einer Nervensäge zu ersparen, verdammten mich zu einer gesamten Jahreszeit in der Hölle.

Denn da das Geld, um mich in die richtigen Berge zu schicken, nicht da war, schickte mich meine Mutter los, damit ich den Sommer in den Bergen oberhalb von Forte dei Marmi bei meiner Großmutter verbrachte, in der Jagdhütte eines Onkels. Ich hatte mich auf drei Wochen am Meer gefreut, auf drei Wochen Baden und Sandburgenbauen und Sprünge vom Steg mit meinen Freunden, stattdessen fand ich mich von jetzt auf gleich in einem Dorf im Nirgendwo wieder, in dem es nicht nur niemanden in meinem Alter gab, sondern auch sonst keine Menschenseele. Ich verbrachte die Tage damit, Insekten zu beobachten und mich von ein paar von ihnen stechen zu lassen, und dann ging ich in die einzige Bar der Gegend und hörte das einzige Lied, das in der Jukebox funktionierte. Und dieses Lied war eben *Ti Amo Ti* von Umberto Tozzi, sodass mich jetzt, als ich es wieder höre, die Tage dieser nutzlosen Gefangenschaft und ihre ganze Einsamkeit wieder einholen, die ganze Angst, die ich hatte, von meinen Eltern für immer dort zurückgelassen worden zu sein, wie ein Hund an der Autobahnraststätte.

»*Io ti-aaamooo*
E chiedo per-dooonooo
Ricordi chi-sooonooo
Apri la porta a un guerriero di carta igenica...«[3]

»Was ist das denn eigentlich für ein Text?«, frage ich, aufgewühlt von dem Lied und all dem, was es in meinem Herz wieder entfacht hat.

»Das ist ein großes Liebeslied«, erklärt mir Enzo.

»Ach nee, aber was bitte soll ein ›Klopapier-Krieger‹ sein, was ergibt das denn für einen Sinn?«

»Lass gut sein, das sind Dinge, die du nicht verstehen kannst, wenn du sie nicht selbst durchgemacht hast.«

»Und warum hast du das durchgemacht, wenn ich fragen darf?«

»...«

»Du hast diese Sache mit dem Klopapier-Krieger durchgemacht?«

---

[3] »Ich liebe dich und bitte dich um Verzeihung, erinnere dich, wer ich bin, öffne die Tür für einen Klopapier-Krieger...«

Für eine Weile sagt Enzo nichts, und als er versucht, mir zu antworten, bricht seine Stimme. Er nickt einmal, dann umklammert er fest das Lenkrad, und für einige Kilometer ist da nur Stille. Bis zum majestätischen Anblick des Col du Galibier, der aus dem Nichts auftaucht und uns den Atem raubt. Das Auto stoppt und die Windschutzscheibe füllt sich mit dieser felsigen Majestät, aber dann fällt mir auf, dass Enzo nicht angehalten hat, um den Berg zu bewundern, es sind die Organisatoren, die uns anhalten, um uns eine Neuigkeit mitzuteilen: Dort oben ist zu viel Schnee, das Ziel wurde vorverlegt, drei Kilometer vor dem Gipfel.

Und jemand, der keine Ahnung hat, würde vielleicht entgegnen: »Na gut, drei Kilometer von den 3.500 Kilometern des gesamten Giro, was machen die schon?« Aber in Wirklichkeit sind die letzten drei Kilometer des Galibier nicht einfach nur drei Kilometer Straße, sondern ein mörderischer Schlag, ein streng siebender Streifen Asphalt, der das Rennen gehörig hätte durcheinanderwirbeln können.

Drei Kilometer vor dem Gipfel, wo jetzt das Ziel sein wird, befindet sich das Denkmal für Marco Pantani, der hier bei der unvergesslichen Etappe der Tour de France 1998 zuschlug, aus dem Sattel ging und uns die größte Heldentat des modernen Radsports schenkte. Der Pirat sprintete drei Kilometer vor der Passhöhe los und hatte am Ende alle Konkurrenten um Gelb um mehrere Minuten distanziert. Kurzum, indem man dieses letzte Stück hinauf zum Galibier auslässt, wird die Etappe ihres intensivsten Teils beraubt und schrecklich verstümmelt. Und auch meine Gier nach Legenden, die heute besonders stark war und von der Ankunft auf fremdem Boden noch angefacht wurde, steckt einen Schlag ein, der sie betäubt inmitten des Schnees zurücklässt. Glücklicherweise erwärmt, in Ermangelung des finalen Streckenabschnitts, der ein Duell zwischen den Besten hätte entfesseln sollen, immerhin die wunderbare Einzelleistung eines im Klassement weit zurückliegenden Fahrers unser Herz, mit einer Aktion und einer Geschichte, die so wahr ist, dass sie fast schon wieder unglaublich erscheint.

Tatsächlich ist die Realität genau deswegen so grandios, weil sie Dinge passieren lassen kann, die in einem Roman oder Film unglaubwürdig wären. Die Realität kann es sich erlauben, unglaublich zu sein. So wie heute, mit der Heldentat von Giovanni Visconti, einem Mann, der in sich eine derartige Verkettung seltsamer Zufälle und Fügungen vereint, dass es für jedes Werk der Fantasie völlig unentschuldbar wäre.

Visconti ist ein temperamentvoller Fahrer, eher geeignet für Eintagesrennen als für die großen mehrwöchigen Rundfahrten. Vor einem Jahr geriet er in ein schlimmes Unglück. Er ist nicht gestürzt, hat sich nicht verletzt, aber vielleicht wäre das sogar besser gewesen. Denn wenn dein Körper sich verletzt, heilt es mit der Zeit wieder, und währenddessen reagiert der Rest von dir, passt sich an, kämpft. Wenn aber stattdessen dein Kampfgeist Schaden nimmt und zerbricht, dann war es das. Beim Giro im letzten Jahr, auf der Etappe zum Pian dei Resinelli, hat Visconti das Rennen wegen einer schlimmen Erkältung aufgegeben, aber der Grund lag tiefer. Denn Fahrräder sind zwar keine Autos, aber einen Motor haben auch sie. Nur, dass dieser Motor mit einer anderen Sorte Benzin funktioniert, einem Kraftstoff, den du in dir selbst findest, und wenn du keinen mehr hast, kommst du nicht mehr vom Fleck. Für ein Jahr wurde es still um Visconti, nur Unwägbarkeiten und verschiedene unangenehme Ereignisse, die sich einen Spaß daraus machen, genau dann zu passieren, wenn du eh schon im Schlamassel steckst.

Und dann, heute, auf der Etappe, die Pantani gewidmet ist, während die Besten im Gesamtklassement nichts abliefern, das dem Piraten gefallen hätte, reißt Visconti am Col du Télégraphe aus und zieht allein davon. Er war bei diesem Giro schon häufiger mit anderen Fahrern auf der Flucht, unter ihnen natürlich der unvermeidliche Pirazzi, und jetzt flüchtet er vor der Flucht selbst. Niemand glaubt daran, dass er es bis zum Ziel schafft, vielleicht nicht mal er selbst. Aber sein Tritt ist gut, er wird nicht eingeholt, bleibt standhaft. Das Ziel dort oben befindet sich direkt unterhalb des Denkmals für Pantani, der langsam und schleichend von der schwer erklärbaren Krankheit zugrunde gerichtet wurde, mit der auch Visconti kämpft. Wenn man noch hinzufügt, dass beide Fahrer am gleichen Tag geboren wurden, am 13. Januar, schüttelt jeder Drehbuchautor den Kopf.

Aber das ist noch nicht alles. In der vereisten und baumlosen Landschaft des Galibier dreht sich Visconti um und erkennt einen Schatten, der ihm folgt. Wer ist das? Es ist wahrhaftig Rabottini, jener Fahrer, der letztes Jahr, auf der Etappe, auf der Visconti aufgegeben hat, nach einer 151 Kilometer langen Flucht triumphiert hat. Es ist die Vergangenheit, die zurückkehrt und hinter ihm in die Pedale tritt, um nach ihm zu greifen und ihn wieder in die Finsternis dieses Tages zurückfallen zu lassen. Und wenn wir schon dabei sind, sollten wir auch erwähnen, dass es sich damals um die fünfzehnte Etappe handelte, genau wie heute am Galibier, wo Visconti zum Triumph zurückkehrt. Nein, genug jetzt, wer glaubt schon so eine Geschichte? Niemand, bis auf Visconti, und nur das zählt. Er erreicht das Ziel und gewinnt die Etappe, nutzt den letzten Tropfen Kraft, um die Arme zu heben, dann wirft er sich zu Boden. Er bleibt dort sitzen und weint, mit geschlossenen Augen, aber erhobenem Haupt. Was er in diesem Moment sieht, die Augen geschlossen, ich weiß es nicht. Ich weiß nur, dass seine Geschichte, gegen den Berg, gegen das Eis, gegen seine Gegner und gegen sich selbst, so stark ist, dass mir nach diesem unmöglichen Ereignis und dieser Serie absurder Fügungen nichts anderes übrigbleibt, als diesen schrecklich übertrieben klingenden Satz zu schreiben: Dort, wo einst der Pirat zum Angriff überging, um eines seiner größten Rennen zu gewinnen, beginnt tatsächlich das neue Leben von Giovanni Visconti, der die Dunkelheit hinter sich zurücklässt und die Arme zu einer Zukunft erhebt, die er dort hindurchfunkeln sieht.

Da, ich habe es geschrieben, aber es ist nicht meine Schuld. Das Leben ist schuld. Mein liebster Schriftsteller.

Der letzte Tango in Ivrea

21. Mai, sechzehnte Etappe: Valloire–Ivrea

Ich gebe es zu, heute während der Etappe nach Ivrea hatte ich nicht die geringste Idee, worüber ich schreiben soll. Nicht wegen der Orte oder der Strecke, das Problem war, dass ich einfach leer war: Ich sah mich um und mir kam nichts Interessantes in den Sinn. Vielleicht war es die Müdigkeit, vielleicht hatte Tomaselli recht, als er mir neulich abends riet, mich zu erholen, da die dritte Woche beim Giro für alle tödlich sei, nicht nur für die, die auf dem Fahrrad sitzen. Ich habe ihm jedoch nicht geglaubt, und gestern, als Ruhetag war, habe ich mich mehr angestrengt denn je.

Wir hatten die Nacht in einer Art Ferienresidenz aus Holz und Beton oberhalb von Valloire verbracht, mit Vorhängen und Tapeten, die mit Rodelschlitten, Schneemännern und skifahrenden Kindern verziert waren. Ein perfekter Ort für Familien in den Skiferien, oder aber für jemanden, der an einem Ort in den Bergen Suizid begehen möchte. Ich konnte nicht schlafen, meine Bücher hatte ich im Auto gelassen, und der Fernseher empfing nur französische Sender. Das Einzige, was ich hätte machen können, war, mich auf den Balkon zu setzen und den Himmel zu betrachten, der sich zwischen den Alpengipfeln erstreckte. Nur, dass draußen Minusgrade herrschten, also habe ich die Nacht drinnen verbracht, auf dem Holzfußboden in der Wohnküche sitzend und in die Dunkelheit jenseits des Fensters starrend.

Und am Morgen drauf, eben am Ruhetag, stand ich am Frühstücksbüfett mit einem Kopf, der gen Kaffeetasse sank, in der Hoffnung, irgendwo einen ruhigen Ort zu finden und den Rest des Tages zu verschlafen. Dann aber fühle ich eine Hand auf meinem Rücken, begleitet von Enzos üblichem »*Buongiornooo*« laut in meinem Ohr. Er fragt mich: »Was wollen wir heute machen, Chef?« Ich öffne die geröteten Augen und begegne seinen, und es ist absolut klar, dass wir beide dasselbe tun wollen: Wir wollen uns das Denkmal für Marco Pantani anschauen, oben am Galibier.

Die Straße ist noch immer gesperrt für Autos, aber das macht nichts, wir gehen die gesamte Strecke zu Fuß. Kilometer für Kilometer geradeaus, wie in der Hölle, die pralle Sonne, die auf den Kopf knallt, und hoher Schnee am Straßenrand. Wenn du gehst, schmilzt du, und wenn du anhältst, setzt gleich das Erfrieren ein. Es dauert fast zwei Stunden, aber dann endlich erreichen wir das Denkmal, aufgestellt an genau jener Stelle, wo der Pirat seinerzeit aus dem Sattel ging und antrat, auf der epischen und glorreichen Etappe, die ihn die Tour de France 1998 gewinnen ließ.

Ich wollte hier schon sehr lange einmal herkommen, und es löst den gleichen Effekt aus, wie wenn man das erste Mal nach Amerika kommt: Nachdem man es in unzähligen Filmen gesehen hat, ist es, als wenn man gleichzeitig in einem neuen Land ankommt und an einem Ort, den man seit seiner Kindheit kennt. Das Gleiche gilt für diesen mörderische Anstieg des Galibier: Nachdem ich mir Pantanis glorreiche Etappe immer wieder angesehen habe, erkenne ich alles Stein für Stein wieder und werde immer aufgeregter und emotionaler, bis zu den letzten knirschenden Schritten durch den Schnee, die uns zum Denkmal für den Piraten führen.

Nur, dass das Denkmal wirklich hässlich ist.

Genau wie das Denkmal für Rocky in Ripa Teatina, mit dem Unterschied, dass jenes zu klein und kümmerlich war, hier liegt das Problem hingegen in seiner Übertriebenheit: Es ist kein Denkmal für Pantani, sondern eines dieser künstlerischen Dinger, mit denen es ihr Schöpfer, statt die Person zu feiern, die es zu feiern gilt, darauf anlegt, das Werk mit dem eigenen Ego zu füllen, so wie diese unglückseligen Gestalten bei Beerdigungen, die große Reden auf den Verstorbenen halten wollen und am Ende doch nur über sich selbst sprechen.

Der Künstler hat eine durchsichtige Platte genommen und darauf das weiße Profil eines Radrennfahrers skizziert, dahinter hat er ein stilisiertes Fahrrad gesetzt, und fertig ist das Meisterwerk. Das Resultat ist etwas, das im Sommer vielleicht noch ein Minimum an Sinn ergeben mag, aber jetzt, mitten im Schnee, so weiß und transparent, ich schwöre, man sieht nichts.

Wieder bitte ich Enzo, ein Foto von mir zu machen, auf dem man mit Mühe und Not einen verschwitzten Dummkopf sehen wird, der ins Nichts neben sich lächelt. Wir verweilen einen Moment bewegungslos vor diesem Ding, mit schmerzenden Beinen und dem Gefühl, ganz umsonst sehr müde zu sein.

Aber es wird wohl die Anstrengung, die Höhe und die dünne Luft sein: Ich sehe mich um und erkenne die Kurve wieder und den charakteristischen Felsen, vielleicht sogar den Himmel dieser märchenhaften Etappe, auf der der Pirat zu seinem legendären Solo aufgebrochen ist und uns um den Verstand gebracht hat. Und mit einem Schlag beginne ich, zu zittern wie an jenem Tag vor dem Fernseher. Ich weiß nicht, ob es die Emotionen sind oder die Kälte, aber das ist mir egal, es ist okay so. Ein Mann darf ab und zu ein bisschen zittern, ansonsten verhärtet sich das, was er in sich hat, nichts bewegt ihn mehr, und dann Gute Nacht.

Das einzig Ärgerliche ist eben, dass ich heute, am Tag nachdem ich mich so verausgabt habe, in Ivrea ankomme und völlig fertig bin, ohne den Hauch einer Idee für den Artikel des Tages.

Und doch versuche ist es auf jede erdenkliche Weise. Ich gehe in eine sehr teure Bar, in der sie die ortstypische Süßigkeit erfunden haben, die sich »Torta 900« nennt. Ich probiere sie, ein Gebilde, das komplett aus Schokolade gemacht ist und zu allem Überfluss noch in zwei Hälften geschnitten wird, um in der Mitte noch mehr Schokolade unterzubringen. Bedenkt man, dass ich keine Schokolade mag, ist es wohl besser, wenn ich kein Urteil darüber äußere.

Ich könnte mich vielleicht auch in den berühmten Karneval von Ivrea stürzen, in dem sich die Leute Tonnen von Orangen um die Ohren hauen und sich dabei richtig wehtun, aber wir befinden uns weit außerhalb der Saison, also ist das zwecklos. Und so erreicht meine Verzweiflung den Punkt, an dem ich ernsthaft die Möglichkeit eines Artikels in Betracht ziehe, der sich einem grandiosen Film aus den Achtzigerjahren widmet, *Eine Frau im Spiegel*, den ich mit großem Vergnügen in meiner Jugend gesehen habe und der komplett in Ivrea spielt.

Den Film hat Paolo Quaregna 1984 gedreht, und darin zu sehen ist Stefania Sandrelli, die eben jene Frau im Spiegel mimt, die Manuela heißt und zufällig den heißblütigen Fabio trifft, gespielt von Marzio Honorato, den quasi jeder aus der Seifenoper *Un posto al sole* kennt, den ich aber seit dem Kultfilm *Höllentrip ins Jenseits* (1980) ins Herz geschlossen habe.

Wie auch immer, Manuela und Fabio lernen sich in Ivrea kennen, offensichtlich mitten im Karneval, aber statt sich die Orangen um die Ohren zu hauen, schließen sie sich in einem Haus ein, in dem sie drei Tage lang zügellos Sex haben. Eine Art *Der letzte Tango in Paris* also, nur in Ivrea. Und ich schwöre, dass ich heute kurz davor war, meinen Artikel darüber zu schreiben und an den *Corriere* zu schicken.

Dann schenkte mir die Etappe zum Glück eine knapp zwanzigköpfige Ausreißergruppe, und während ich ihr Abenteuer verfolge, kommt mir eine andere außergewöhnliche Flucht in den Sinn, die quasi niemand kennt, und mir wird klar, dass ich heute von ihr erzählen muss.

Denn Ausreißversuche im Radsport sind wie Liebesbriefe: Sie zu beginnen, ist einfach, sie zu gewinnen, eine ganz andere Geschichte. Das wissen die vielen Fahrer, die es heute versucht haben, nur zu gut, unter ihnen Sella, Di Luca, der Avantgardist Pirazzi und mein Mann aus den Bergen, Darwin Atapuma. Sie haben gehofft, aber werden kurz vorm Ziel eingeholt und durchgereicht. Darin ist nichts Ungewöhnliches. Im Gegenteil: Es ist ungewöhnlicher, dass ein Ausreißversuch gut endet, denn logischerweise kann eine kleine Gruppe von

Abenteurern schwer einem zweihundertköpfigen Heer standhalten, das sie verfolgt. Damit es doch funktioniert, braucht es Kräfte, die mit Logik nichts gemein haben. Es sind mysteriöse Kraftquellen, tiefe Brunnen der Entschlossenheit, die aus irgendwelchen Gründen meist aus dunklen Geschichten hervorgehen, aus Trauer und schrecklicher Bitterkeit. So als würde der Schmerz dieser sportlichen Anstrengungen dazu dienen, einen anderen Schmerz zu vergessen: Das Herz schlägt kräftig, der Atem ist kurz und die Muskeln brennen so sehr, dass man an nichts anderes denken kann. Je stärker dieser andere Schmerz ist, desto aussichtsreicher dein Ausreißversuch. Denn nicht das Ziel verleiht ihm seine Kraft, sondern das, wovor du flüchtest.

Wie bei der irrwitzigen elften Etappe des Giro d'Italia 1976, die auf schreckliche Weise ihren Ausgang mit dem Tod des Spaniers Juan Manuel Santisteban nahm. Santisteban, 32 Jahre alt, verlor gleich am ersten Tag in Acireale in einer Kurve die Kontrolle über sein Rad, endete in der Leitplanke, und das war's. Und über viele Etappen hinweg setzte Antonio Menéndez, sein Freund und Teamkamerad, die Rundfahrt fort, ohne überhaupt zu wissen, wo er im Rennen lag. Er kam als Letzter an, trat wie betäubt in die Pedale, verloren in der Nacht seiner Gedanken. Dann, auf der Etappe von Terni nach Gabicce, sprang ein Schalter in seinem Kopf um. Etwas Geheimnisvolles und Aufwallendes, und Menéndez fuhr einfach. Der Bürgermeister von Terni senkte die Startflagge, und Menéndez riss aus. Mit ganzer Kraft, als wären es nur noch hundert Meter bis zum Ziel. Niemand dachte daran, sich ihm in diesem aussichtslosen Unterfangen anzuschließen, und das war in Ordnung so, denn er wollte auch niemanden um sich haben. Ganz alleine an der Spitze fahrend, kümmerte er sich nicht um die Strecke, um das Peloton, das ihn verfolgte, um die Kraft, die er nicht hatte. Ihn kümmerte nicht einmal die Logik, nicht der gesunde Menschenverstand, nicht die schiere Aussichtslosigkeit seines Vorhabens: Ist es denn etwa möglich, am Morgen mit einem leeren Bett neben dir aufzuwachen, weil dein bester Freund auf ein bisschen Rollsplitt ausgerutscht ist? Nein, das ist nicht möglich, und doch ist es geschehen. Also beißt Menéndez die Zähne zusammen und tritt weiter. Er passiert Dörfer, Felder und Hügel, aber er sieht nichts. Nein, da ist nichts außer ihm, alles passiert in seinem Inneren. Die Beine kurbeln, das Herz pumpt, und am Ende erringt Menéndez seinen aberwitzigen Sieg: Nach fünfeinhalb Stunden Tatendrang und Wahnsinn überquert er die Ziellinie mit 13 Minuten Vorsprung auf das große Feld. Die Augen hohl und verloren in einer kämpferischen und mystischen Trance, bekreuzigt er sich nach 222 Kilometern der einsamen Flucht, sein Atem reicht nur noch, um zu sagen: »Nicht ich habe gewonnen, sondern Santisteban.«

Der Ausreißversuch heute in Ivrea war sicher eine ganz andere Geschichte. In der Gruppe, die sich davonstahl, befanden sich 22 Fahrer, praktisch ein kleines Peloton, und doch haben sie es nicht ins Ziel geschafft. Der Gruppe fehlte es an Harmonie, aber vor allem fehlte es ihr an jenem Benzin, das einen über seine Grenzen gehen und die starre Logik der Dinge überwinden lässt. Den richtigen Kraftstoff hatte stattdessen der Baske Intxausti, der mit einem unwiderstehlichen Sprint gewinnt und die Hände auf komische Art hebt, mit beiden Zeigefingern, die ein Kreuz formen: Er gewinnt und widmet den Sieg seinem Teamkollegen Xavier Tondo Volpini, der vor seinen Augen bei einem absurden Unfall starb: Sie wollten zusammen zum Training aufbrechen, aber Volpini wurde vom automatischen Tor seiner Garage zu Tode gequetscht.

Übermorgen wird es zwei Jahre her sein, Intxausti schläft noch immer schlecht und lebt noch schlechter. Bei diesem Giro aber verändert sich etwas. Einen Tag hat er das Rosa Trikot getragen, und dann der triumphale Sprint von heute, dieses Kreuzzeichen im Ziel, genau wie Menéndez, der sich damals nach seiner Heldentat ebenfalls im Ziel bekreuzigte. Beides Zeichen des Sieges, voller Tatendrang und doch zugleich durchtränkt von Schmerz.

So ist dieser Sport, ein Leiden, das sich von anderem Leid nährt, es dir aus dem Körper saugt, es zwischen Pedalen und Kette mahlt, und schließlich, wenn du Glück hast, in einer Kraft entlädt, die sich über die ganze Straße ausbreitet. Du hebst die Arme zum Himmel, blickst dich einen Moment um und schon bist wieder einen Schritt näher dort.

Sing es noch einmal, Zandegù

22. Mai, siebzehnte Etappe: Caravaggio–Vicenza

Die heutige Etappe hat in der Geschichte des Giro wenig Bedeutung. So komplett flach, absolut tellerflach, wie sie ist, wird sie mit Sicherheit nichts verändern in einem Gesamtklassement, das von Tag zu Tag mehr von Nibali dominiert wird, und auch jene Unbeugsamen des Typs »Noch kann alles passieren« müssen den Kopf schütteln und hinzufügen: »Mag sein, aber es passiert nichts.«

Dafür ist mir und Enzo gestern Nacht etwas passiert, nach der langen Fahrt vom Etappenziel in Ivrea zu unserem Hotel, das sich bei Bergamo befand. Nicht *in* Bergamo, sondern *bei* Bergamo, wo wir sehr spät ankamen und uns nur noch ins Bett schmeißen wollten, glücklich, das Navi endlich sagen zu hören, dass wir unser Ziel »beinahe erreicht haben«. Und wir haben ihm geglaubt, zu müde, um der Tatsache Beachtung zu schenken, dass wir von Industriehallen, mysteriösen Lagerhäusern, größtenteils verrammelten Geschäften und Brachflächen aus Schutt, Geröll und Abfall umgeben waren. Alles, nur keine Hotels.

Es ist fast Mitternacht, und auf den verlassenen Straßen dieser postatomaren Gegend ist absolut niemand zu sehen. Was sicherlich gut für den kompletten Rest der Menschheit ist, der so die Nacht an schöneren Orten verbringen darf, aber wir brauchen nun einmal verzweifelt jemanden, den wir nach dem Weg fragen können. Schließlich stehen wir vor einer riesigen Tankstelle mit einem sehr grellen Flutlicht, das die Zapfsäulen von oben beleuchtet, und daran lehnen drei Mädchen und warten. Wir sind verzweifelt, wir sind müde, also nähern wir uns ihnen mit dem Auto und die Mädchen kommen an mein Seitenfenster heran.

Ich frage, ob sie wissen, wo unser Hotel ist.

Eine von ihnen – die mit Sicherheit jünger als zwanzig ist, aber wie viel jünger, darüber möchte ich gar nicht nachdenken – antwortet mir mit osteuropäischem Akzent, dass wir kein Hotel bräuchten, wir könnten auch im Auto Liebe machen. Ich erkläre ihr, dass wir keine Liebe suchen, sondern ein Hotel, und sie weicht vom Fenster zurück und sagt: »Tut mir leid, aber ich bin nicht von hier.«

Ich sehe sie einen Moment an, und anstelle von Enttäuschung lese ich deutlich Erleichterung in ihrem Gesicht. Sie war schon bereit, in dieses Auto voller bekritzelter Zettel zu steigen und uns einen dunklen Ort zwischen den Hallen dieser erschöpfenden und erschöpften Gegend zu zeigen. Wir sind aber keine Freier, wir sind nur zwei Idioten, die ihr Hotel nicht finden können, und sie ist froh darüber, denn so kann sie zumindest noch eine Weile an der Dieselzapfsäule lehnen, unter dem grellen Licht des Tankstellenscheinwerfers.

Wir fahren weiter, aber mir bleibt ihre simple und zugleich absurde Antwort im Kopf: »Tut mir leid, aber ich bin nicht von hier.« Ich blicke mich um und frage mich, wer zur Hölle von hier sein könnte, einem Ort, wo nichts ist, was an menschliches Leben erinnert. Nur willkürliche Gebäude, hingeklotzt mit dem Wunsch nach Hässlichkeit und bevölkert von Schatten, die sich kaum von den absurden, aufgerissenen Straßen ohne Gehweg abheben, die sie durchziehen, Straßen, die mit Glasscherben, aufgerissenen Müllsäcken und vertrocknetem Gras bedeckt sind und nur zu geschlossenen Geschäften führen, zu Goldankäufern, Spielhallen mit heruntergelassenen Rollgittern, Wettbüros und unheimlichen Schuppen ohne jegliche Beschriftung.

Dann, krächzend und abscheulich, durchkreuzt die Stimme des Navis meine Gedanken. Sie befiehlt uns, in eine noch verlassenere und dunklere Straße abzubiegen, lässt uns dort anhalten und verkündet dann mit zufriedenem Tonfall: »Ihr Ziel befindet sich auf der rechten Seite. Auf Wiedersehen.«

Ich drehe mich zu Enzo, der das Licht im Auto anmacht, sich umblickt und endlich zugibt, dass es wohl »ein Missverständnis mit dem Computer« gegeben haben muss.

Er beugt sich übers Armaturenbrett, um den Bildschirm des Navis besser lesen zu können, und beginnt, auf den Tasten dieses teuflischen Dings herumzudrücken. Dabei bemerkt er nicht, wie aus dem Nichts ein Mann erscheint, der sich vor unserem geöffneten Fenster aufbaut. Von meinem Platz aus sehe ich nur das Fenster, das den Rumpf des Mannes einrahmt, sehe einen blauen Pullover und eine Hand, die einen winzigen Gegenstand aus der Tasche zieht.

Ein Tütchen Koks oder Heroin? Eine antike Briefmarke? Ein gefaltetes Papier, das die Lösung einer mathematischen Gleichung beinhaltet? Es könnten all diese Dinge sein oder noch vieles mehr. Nur, dass es für Enzo gar nichts ist. Er hat noch immer nichts bemerkt, betrachtet weiterhin das Navigationsgerät, um den absurden Ort ausfindig zu machen, an dem wir schlafen sollen, ohne Notiz davon zu nehmen, dass es gerade sehr fraglich ist, ob wir es jemals dorthin schaffen.

»Enzo, lass uns fahren«, bitte ich ihn trocken.

Er nickt, aber tippt weiter unverdrossen auf dem Bildschirm herum, und zwischen den unzähligen Namen unnützer Ortschaften, die uns das Gerät vorschlägt, findet er eine, die sich Quincinetto nennt, und an diesem Punkt jubelt er. Denn in Quincinetto ist er natürlich schon Tausende Male gewesen, um in einem berühmten Restaurant zu speisen, und er fängt an, mir zu erklären, wie sie die Forelle dort zubereiten.

Der Typ steht währenddessen weiter da und wartet. Sein Job ist einfach und schnell, er muss uns das Tütchen geben, das Geld dafür entgegennehmen, und tschüss, das war's. Nur, dass dieser Kerl hier im Auto, anstatt die Kohle rauszuholen, von Forellen auf dem Herd redet.

»Enzo, lass uns fahren, los, sofort.«

»Einen Moment, das Navi arbeitet, und wenn ich es dir doch sage, erst füllen sie Rosmarin hinein, geben ein bisschen Salbei dazu, aber nur wenig, und dann...«

»Enzo, fahr los, verdammt noch mal!«

»Nur einen Moment! Es berechnet die Strecke, nur einen Moment... Du musst da unbedingt mal mit mir hingehen, ich rufe vorher an, denn man muss reservieren. Sie servieren dir die Forelle auf dieser glühend heißen Platte, was meiner Meinung nach durchaus gefährlich ist. Denn wenn du nicht aufpasst, kannst du dich verbrennen, und...«

Kurzum: Während ein Dealer in einer verlassenen Straße vor unserem Fenster auf sein Geld wartet, warnt Enzo mich vor den Gefahren einer auf einer heißen Platte gegarten Forelle. Aber zum Glück ist der Typ draußen wacher als wir, er erkennt, dass wir keine Kunden sind, nur arme Idioten verloren im Nirgendwo, steckt das Tütchen wieder in die Tasche und verschwindet in die Dunkelheit, aus der er gekommen ist.

Nur wenige Augenblicke später erwacht das Navi zum Leben und beginnt, heiter zu sprechen und uns neue Anweisungen zu geben, die uns endlich von hier wegbringen. Enzo setzt sich mit einem zufriedenen »Ooooh« in seinem Sitz zurecht, und ich erzähle ihm von dem Mann, dem Tütchen, von allem, was sich vor seinem Fenster ereignet hat, während er mit dem Navi beschäftigt war.

»Was? Machst du Witze? Ich habe überhaupt nichts davon mitbekommen.«

»Ich weiß!«

»Aber was hat er da gemacht?«

»Hab ich dir doch gerade erklärt, er wollte dir ein Tütchen geben.«

»Meine Güte, ist das denn zu glauben? Und ich? Was habe ich gemacht?«

»Du? Nichts, du warst mit diesem verdammten Navi beschäftigt und hast von gebratenen Forellen geredet.«

Enzo bleibt einen Moment still, die Augen auf die Dunkelheit der Straße gerichtet. Er nimmt einen tiefen Atemzug, schüttelt den Kopf und fährt fort: »Nein, sie sind nicht gebraten, sondern gegrillt. Wir müssen da echt mal hin, das ist phänomenal. Sie tun Rosmarin und Salbei rein, und meiner Meinung nach auch etwas...«

Also vielleicht liegt es daran, dass sie auf eine so ereignisreiche Nacht folgt, dass mir die heutige Etappe so fade vorkommt.

Ich werde es nie wirklich wissen, denn der einzige Anstieg des Tages, in Crosara, wird zur Startrampe für eine wunderschöne, einsame Attacke, die einen italienischen Fahrer zum Sieg führt. Aber es handelt sich um den zweiten Erfolg von Visconti, der schon tags zuvor auf dem Galibier gewonnen hat: Auf der einen Seite ist es eine Heldentat, die mich begeistert, auf der anderen Seite weiß ich, dass mein heutiger Artikel nicht wieder über ihn sein kann.

Ich denke daran, während ich ihn angreifen sehe, dort vor mir, entlang der Mauern dieses Hügels, wo die Haarnadelkurven von entkorkten Flaschen und zischender Glut widerhallen, unter jedem Baum ein massiver, mit Würstchen beladener Grill, aus dessen Rauchschwaden Visconti ganz alleine auf seinem siegreichen Ritt auftauchen wird.

Schließlich komme ich in Vicenza an, und unterhalb des Ziels hat sich eine Gruppe von Leuten um jemanden versammelt, der aus vollem Halse singt. Ich trete näher, und sofort löst sich meine Sorge, von was ich denn heute erzählen soll, in Luft auf, denn ich erkenne die wilde Kehle von Dino Zandegù, dem »singenden Sprinter«. Ich gehe hin, stelle mich vor, er bricht mir mit seinem Handschlag beinahe die Hand und umarmt mich anschließend.

Wir kennen uns nicht, aber so ist Zandegù: der menschgewordene, auf ein Fahrrad katapultierte Überschwang. Mitreißend im Rennen wie im normalen Leben, gleicht Zandegù einem Sekt, den kein Korken im Zaum halten kann, er ist eine unbekümmerte Anomalie in einem Sport, der es oft bevorzugt, in dieser leicht bitteren Trägheit nach dem Sonntagsabendessen zu schmoren, wenn das Schöne vorbei zu sein scheint und das bisschen, was du noch vor dir siehst, dir gar nicht gefällt.

Mit 78 Kilogramm, verteilt auf 1,83 Meter Körpergröße, war er ein echter Vollblutrennfahrer, der nicht nur für ausgelassene Stimmung sorgen konnte, sondern auch sechs Etappen beim Giro gewann und dazu zahlreiche andere bedeutsame Rennen, und das in einer Zeit, die ihn dazu verdammte, sich mit Merckx, De Vlaeminck und anderen siegfressenden Monstern zu messen.

Ich muss ihn nicht einmal etwas fragen, er lächelt mich an und beginnt zu erzählen, und von einem Thema zum anderen springend geht das eine ganze Stunde so weiter.

Bevor er erzählt, greift Zandegù aber noch mit einem seiner Lieder an. Ein Komponist hilft ihm mit der Musik, aber er betont, dass die Texte alle von ihm sind. Wenn er heute bei einem Radrennen zu Gast ist, sei es um von einer Etappe von früher zu erzählen oder wenn sie ihn fragen, was er von einem der aktuellen Fahrer hält, öffnet er einfach den Mund und singt. Und das Gleiche macht er nun bei mir, indem er mir ein neu komponiertes Stück über den Giro widmet:

»*Vieni al Giro, se sei felice o sei nei guai,*
se ti riposi oppure non dormi mai.«[4]

Als der musikalische Moment beendet ist, schaut er sich plötzlich um, senkt die Stimme und sagt zu mir: »Wenn Sie wol-

---

[4] »Komm zum Giro, ob du glücklich bist oder in der Klemme steckst, ob du dich ausruhst oder niemals schläfst.«

len, erzähle ich Ihnen, wie ich 1969 Mailand–Sanremo verloren habe, ein Rennen, das ich eigentlich gewinnen hätte müssen. Wissen Sie, ich habe das noch nie jemandem erzählt.«

Ich kann es nicht glauben, reiße die Augen auf und nicke, schlage eine neue Seite in meinem Notizbuch auf und bereite mich darauf vor, jedes Detail von dem niederzuschreiben, was mit 44 Jahren Verspätung ein echter Knüller in der Geschichte des Radsports werden könnte.

»In jenem Jahr ging ich es zu forsch an, ich hatte die Sardinien-Rundfahrt und Paris–Nizza gewonnen, die Rennen, die als Vorbereitung für Mailand–Sanremo gelten. Kurz gesagt, da brauche ich nicht groß drum herum reden, ich war der Stärkste von allen. Aber dann, am Abend vor dem Rennen, Sie wissen, wie das ist... Es mag die große Potenz gewesen sein, der Druck, wie auch immer, jedenfalls habe ich einen feuchten Traum gehabt.«

Mein Stift stockt, ich hebe die Augen vom Blatt Papier und bin nicht sicher, ob ich die letzten Worte richtig verstanden habe.

»Aber gut, das war nicht weiter schlimm, ich konnte wieder einschlafen und es hätte kein großes Problem werden müssen. Nur, dass wenig später, mitten in der Nacht: Zack, ein zweiter feuchter Traum. Und ein bisschen später noch einer. Und noch einer.«

Zandegù fährt fort mit der Erzählung von seiner heißen Nacht, ich höre auf zu schreiben. Denn es mag sein, dass Dallera von der Redaktion mir gewisse Freiheiten lässt, aber ich weiß nicht, wie er es aufnähme, wenn sich der heutige Artikel nur um die feuchten Träume von Dino Zandegù drehen würde.

Der seinerseits inzwischen am Ende dieses unglaublichen Knüllers angekommen ist: »Und so habe ich diese Ausgabe von Mailand–Sanremo also verloren. Bei der ich trotzdem als Vierter ins Ziel gekommen bin. Können Sie sich vorstellen, was ich vollbracht hätte, wenn ich mich die Nacht zuvor hätte erholen können?«

Er bricht in Lachen aus, schüttelt den Kopf und fährt mit seinen Erzählungen fort, um mir verständlich zu machen, dass sein heißblütiges Temperament ihn vielleicht zahlreiche Rennen hat verlieren lassen, ihn einige Male in die Klemme, aber auch zum Sieg gebracht hat. So wie bei der Sardinien-Rundfahrt 1968, als er sich, beflügelt von seinem Etappensieg, das Mädchen von der Siegerehrung gepackt und sie vor den Kameras des italienischen Fernsehens geküsst hat: Es war die Tochter des Präfekten von Sassari, und er riskierte seine weitere Teilnahme an der Rundfahrt.

Er erzählt es mir und lacht, dann stimmt er ein weiteres Lied an, das dem spanischen Champion Alberto Contador gewidmet ist:

»*Contador, Contador,*
quando pedala va più forte di un vapor,
Contador, Contador,
sulle montagne non lo prende neanche un tòr.«[5]

So ist Zandegù: Er singt immer aus voller Kehle. Das hat er auch am schönsten Tag in seinem Leben als Radrennfahrer

---

[5] »Contador, Contador, wenn er in die Pedale tritt, ist er schneller als ein Dampfschiff, Contador, Contador, in den Bergen packt ihn auch kein Stier.«

getan, bei seinem legendären Sieg bei der Flandern-Rundfahrt von 1967. Er triumphierte, nachdem er Merckx und Gimondi abgehängt hatte, bezwang all die giftigen Anstiege der Strecke in einem Gemisch aus Regen und Nebel, dann hob er die Arme zum Himmel und schickte die zahlreichen vor Ort anwesenden italienischen Bergleute ins Delirium, indem er mit ganzer Kraft »*O sole mio*« anstimmte.

Er hat unzählige solcher Geschichten parat, erzählt sie mir wie eine Lawine. Er erzählt mir sogar, dass sein Sohn Manolo heißt, weil der Name seine beiden größten Leidenschaften vereint: den Fahrradlenker, der auf Italienisch »*manubrio*« heißt, und den Barolo.

Zum einzigen Moment der Stille kommt es, als ich ihn frage, ob er sich auch an traurige Episoden seiner Karriere erinnert. Zandegù schweigt, denkt darüber nach, dann schüttelt er den Kopf:»Naja, sicherlich gab es auch viele davon, aber die kommen mir jetzt nicht in den Sinn. Gewiss, ich hätte mehr Rennen gewinnen können, das tut mir leid. Manchmal kamen wir an schönen Orten vorbei, und ich verlor mich darin, sie zu betrachten, während die anderen davonspurteten. Schade. Aber gleichzeitig ist das auch in Ordnung. Man muss sich nicht zu ernst nehmen. Wissen Sie, was mir eines Tages passiert ist? Am Vormittag ging ich zu einer Beerdigung, am Nachmittag wollte ich zu einer Hochzeit und sehe eine Autoschlange und denke, dass sie für die Verlobten ist, und reihe mich ein. Nur, dass es gar nicht die Hochzeit war, sondern eine Taufe, die Gäste erkannten mich und luden mich ein. Ich war also an ein und demselben Tag auf einer Beerdigung, einer Taufe und einer Hochzeit. Tod, Leben, Liebe, alles zusammen. So ist das Leben.«

Ich nicke und will ihn gerade noch etwas anderes fragen, doch das braucht es gar nicht, der Fluss namens Zandegù strömt unaufhaltsam weiter: »Ich war Lehrling bei einem Bäcker, und sie haben mich entdeckt, weil ich mit dem Fahrrad, das ich für die Arbeit hatte, die echten Radrennfahrer abgehängt habe. Anstatt meine Ausbildung zu machen, endete ich also letztlich damit, auf einem Fahrrad durch die Welt zu fahren. Auch meine Frau hätte ich ohne das Fahrrad nicht kennengelernt. Ich hatte ein Sechstagerennen gewonnen und habe eine Ehrenrunde mit dem Siegerstrauß in der Hand gedreht. Da sehe ich ein wunderschönes Mädchen und gehe hin, um ihr die Blumen zu schenken. Nur, dass sich ihr plötzlich ein anderes Mädchen nähert, eine ihrer Freundinnen, die leider ziemlich hässlich war, und denkt, die Blumen sind für sie, sie nimmt sie, und dankt mir. Und ich wusste nicht, wie ich mich verhalten sollte, aber am Ende konnte ich der Schönen klarmachen, dass die Blumen für sie waren, und später ist sie meine Frau geworden.«

Er schließt einen Moment lang die Augen und lächelt. Vielleicht für mich, vielleicht für sich selbst, vielleicht für seine Frau, vielleicht für das ganze Leben.

»Ich habe immer gearbeitet, wissen Sie, auch nach meiner Karriere. Ich bekomme zwei Renten, beziehungsweise anderthalb, ich musste mich anstrengen. Aber es ist in Ordnung so, mir gefällt die Arbeit, sie hält einen lebendig, hält einen auf Trab und stellt einem viele gute Menschen vor. Die Leute mögen mich immer noch, sie geben mir das Gefühl, etwas Besonderes zu sein, und das ist eine wunderbare Sache. Mein Leben ist wunderbar, es ist so schön, dass ich immer noch jeden Morgen aufwache und mich kneife, um mich zu vergewissern, dass nicht alles nur ein Traum war. Aber es ist wahr.«

Ich würde ihn gerne umarmen, Dino Zandegù, und tue es auch beinahe. Aber er bewegt sich zuerst, legt den Arm um mich und beginnt, »*O sole mio*« zu singen, wie damals in Flandern. Und die Fans hier im Ziel fangen an, mit ihm zu singen, sogar ich. Wir sind keine italienischen Bergleute in Belgien, aber es hat den gleichen Effekt. Wir sind Menschen mit Träumen und Problemen, mit Dingen, die uns gefallen und anderen, die uns Angst machen, und jetzt wollen wir alle eine einzige Sache: Wir wollen singen.

Wir singen falsch, wir kennen den Text nicht und wir sind in Vicenza, und trotzdem singen wir aus vollem Hals »*O sole mio*«.

Und ich weiß, dass es gut so ist.

Merckx und die Bedeutung eines Schinkens

23. März, achtzehnte Etappe: Mori–Polsa

Heute sind wir im Trentino und ich bin ein bisschen verwirrt. Seit der zweiten Woche kommt es mir eher so vor, als ob wir immer wieder die gleichen Orte durchqueren und zwischen den Alpen in einem Labyrinth aus Gipfeln und Kurven steckengeblieben sind, als dass wir eine Italien-Rundfahrt begleiten. Auch wenn wir an einem Tag hierhin fahren und am nächsten dorthin, sehen wir am Ende doch immer die gleichen Schilder und bekannten Wegweiser, die uns zwischen Treviso, Trento und Vicenza hin- und herpendeln lassen.

Wir passieren zum dritten Mal einen unheimlichen Industrieverschlag aus Wellblech, bei dem ich nicht weiß, was sie dort drinnen machen, aber draußen steht ein sehr hoher Mast, von dem wie erhängt eine Kuh und ein Schwein aus Plastik in Lebensgröße baumeln. Vielleicht ist das eine sehr direkte Art, den Passanten mitzuteilen, dass sie hier Bestien heranzüchten, vielleicht ist es eine Abschreckung für die Tiere, die, wenn sie versuchen zu fliehen, gleich wissen, welches Ende ihnen blüht. Das erste Mal haben wir es fotografiert, aber mittlerweile ist es Teil des Panoramas geworden und wir machen uns nichts mehr daraus.

Aber das ist in Ordnung so, es gibt kein Problem. Die Straße ist die Straße, und solange sie unter den Reifen hinwegläuft, übt sie ihre Magie weiterhin aus, und auch wenn sie dich wieder zurück an die gewohnten Orte bringt, ist das Abenteuer doch immer ein neues. »Die Straße von Rouen nach Paris ist nicht die gleiche wie die von Paris nach Rouen«, hat (vielleicht) Merleau-Ponty gesagt, und ich glaube, dass das auch für jene von Bergamo nach Vicenza gilt. Wobei, vielleicht gilt es sogar noch mehr, denn hier beginnt jeden Tag eine neue Etappe, und der Schauplatz unseres Abenteuers ist ein unvorhersehbarer, stets anderer Raum, der an Ort und Stelle von den Beinen der Fahrer gestaltet wird.

Und heute bringen uns genau diese Beine ins Trentino, bei einem Zeitfahren auf einem durchgehenden Anstieg, von Mori hinauf nach Polsa: zwei kleine Dörfer am Fuße großer Berge, von denen ich weiß, dass es dort nur Skipisten gibt und im Winter alles voll mit Schnee ist. Aber zum Glück haben wir Mai, und heute ist sich auch der Himmel dessen bewusst. Endlich kann man gut ein T-Shirt tragen, und ich beschließe, die Gelegenheit zu nutzen und eine kleine Runde durch Mori zu drehen. Und ich mache es genau richtig, denn das gute Wetter wird nur kurz andauern, eine Stunde später kehren der Regen und der Graupel zurück, um das heutige Einzelzeitfahren zu einer eisigen Angelegenheit zu machen.

Dieses sollte der große Triumph von Bradley Wiggins werden, dem Spezialisten im Kampf gegen die Uhr. Der Brite hatte diese Etappe auserkoren, um Nibali zu vernichten, ihn um eine Ewigkeit abzuhängen und die Diskussion zu beenden, wer diesen Giro am Ende gewinnen wird.

Tja, nur hat sich Wiggins vor kurzem aus dem Rennen verabschiedet und befindet sich nun in daheim in England, wo er seine geliebten Lambretta-Motorroller restauriert oder seine Koteletten wachsen lässt oder wer weiß welchem anderen Zeitvertreib nachgeht. Und wir sind hier, erst unter der Sonne und dann unter dem Schnee, und fragen uns, ob jemand anderes eine vergleichbare Spannung ins heutige Rennen bringen kann.

Die Antwort ist ja, und die erste irrsinnige Emotion schenkt uns Stefano Pirazzi, der ewige Ausreißer, der die Etappe auf seine Art belebt. Denn 15:16 Uhr ist seine fixe Startzeit, die Rampe ist bereit, das Wettkampfgericht und die Zeitnehmer ebenfalls, 3... 2... 1... los! Nur, dass Pirazzi nicht da ist.

Seine Mannschaft hat ihm eine andere Startzeit genannt, und niemand weiß, wo er ist. Währenddessen läuft die Stoppuhr, und wir müssen mehr als fünf Minuten auf seine Ankunft warten. Hektisch und verschwitzt, wie ein Kind, das verschlafen und den Schulbus verpasst hat und mit rotem Gesicht die Klasse betritt, nachdem der Lehrer es bereits aufgerufen hat. Mit aufgerissenen Augen, das Blaue Trikot schief und verzogen am Leib, steigt Pirazzi aufs Rad und pumpt mit voller Kraft in die Pedale, als befände sich das Ziel hinter der nächsten Kurve.

Denn beim Giro existiert eine Regel, die sogenannte »Karenzzeit«, die auf den Punkt genau den maximalen Rückstand benennt, mit der man eine Etappe beenden darf, ausgehend von der Zeit des Fahrers, der sie gewonnen hat. Wenn jemand diese Zeit überschreitet, kann er nach Hause fahren. Und so riskiert Pirazzi durch diesen bescheuerten Fehler, der ihm schon zum Zeitpunkt seines Starts ein Handicap von fünf Minuten beschert, erst nach Ablauf der Karenzzeit ins Ziel zu kommen, all seine zahlreichen Opfer und Leiden wegzuwerfen und auf direktem Wege aus den Dolomiten nach Hause zurückzukehren, ins ländliche Latium, und sogar das Blaue Trikot des besten Bergfahrers zu verlieren, das er doch eigentlich bis in den Tod verteidigen wollte.

Und tatsächlich ist es nun der Tod, den er riskiert, wie er so in die Pedale tritt und die Zähne aufeinanderbeißt, auf einer Etappe, die für ihn eine problemlose, entspannte Übung hätte sein können und stattdessen zum Kampf ums Überleben wird. Am Ende schafft er es, erledigt und erschöpft. Sein Blaues Trikot ist gerettet, sein Rückstand auf den Tagessieger ist groß, aber nicht zu groß.

Und der Sieger des Tages ist wahrhaftig er, Vincenzo Nibali im Rosa Trikot, der das Zeitfahren nach Polsa gewinnt und dazu bestimmt scheint, auch den Giro zu gewinnen, ohne sich völlig verausgaben zu müssen.

Nur, dass Nibali es doch übertreiben muss.

Denn unter Superhelden gilt eine klare Regel: Aus großer Macht folgt große Verantwortung. Vincenzo Nibali ist der Superheld dieses Giro d'Italia und seine größte Verantwortung trägt er für den Sport, dessen Champion er ist: den Radsport, dessen unrechtmäßige Bezeichnung als Randsportart eine Empörung in mir aufsteigen lässt, die an Gewalt grenzt. Zu viel Geschichte, zu viel Leidenschaft, zu viele Helden hat er dieser Nation geschenkt, als dass er das sein könnte. Die frenetische Begeisterung ist von Generation zu Generation weitervererbt worden und lebt kräftig und geduldig weiter, bereit, jederzeit zu explodieren und sich wie ein Virus auszubreiten.

Der Radsport ist auf keinen Fall eine Randsportart, sondern ein latenter Riese, bereit, ganz Italien aufs Neue mitzureißen. Es braucht nur eine einzige Sache beziehungsweise, um genau zu sein, eine einzige Person: einen großen Champion. Deswegen hat Nibali noch zwei Großtaten vor sich: den Giro-Sieg unter Dach und Fach zu bringen und den Radsport in jeden Haushalt zurückzutragen, in jede Bar, in alle Herzen, die bereit sind, wieder für ihn zu schlagen.

Die erste Großtat ist quasi schon vollbracht, die zweite ist in vollem Gange. Seit Beginn des Rennens feiert der Großteil der Plakate, die ich bei diesem Giro am Straßenrand gesehen habe, noch immer Marco Pantani. Und das macht mich glücklich, Pantani war ein Gigant, noch immer träume ich ab und zu von Pantani, der die ganze Nacht für mich aus dem Sattel geht und bergauf sprintet, die Hände im Unterlenker. Aber leider ist der Pirat nicht mehr da. Er hat dem Radsport unendlich viel gegeben, aber nun braucht es andere Funken, die die Straße entzünden.

Und Nibali könnte ein solcher Funke sein. Das bestätigen auch die ausdauernden Anfeuerungsrufe, die ihm zahlreiche Menschen entlang des Anstiegs beim heutigen Zeitfahren gewidmet haben, bei dem Nibali genau das getan hat, was er tun soll: das Rennen dominieren. Er ist von der Rampe gestartet wie eine Rakete von ihrer Abschussstation, ihn erwarteten viele Kurven gesäumt von Begeisterung, von Menschen, die in den frühen Morgenstunden hier hochgekommen sind, oder sogar schon am Vortag, die wahrscheinlich Urlaub genommen haben, um hier zu sein, ihren Tag umorganisiert haben, ein

Stück des »echten« Lebens geopfert haben im Gegenzug für die drei Sekunden, die die Fahrer ihnen geben, wenn sie an ihnen vorbeifahren.

Ich habe mal Eddy Merckx getroffen und ihn gefragt, wie es sein kann, dass er, der er zuhauf große Klassiker und Rundfahrten gewann, auch bei kleineren Rennen um den Sieg sprintete, als ginge es um Leben und Tod. Er erklärte mir, dass ein Ziel ein Ziel ist, dass man sein Bestes gibt, ganz gleich, ob man den Weltmeistertitel oder nur einen Schinken gewinnt, denn die Menschen, die diesen Schinken zur Verfügung stellen, hätten ein Opfer gebracht und verdienten den maximalen Einsatz.

Und die Radsportfans bieten Nibali mehr als nur einen Schinken, sie schenken ihm ihr Herz. Diese Menschen werden seit Jahren verspottet und bemitleidet, von Freunden und Familie für verrückt und leichtgläubig erklärt. Vincenzo könnte der Mann sein, der alles verändert. Heute war er so stark unterwegs, dass er kurz davor war, den drei Minuten vor ihm gestarteten Cadel Evans einzuholen. Ich habe erst gehofft, dass es nicht so weit kommt, dass er mir diese Demütigung des stets freundlichen Cadel erspart. Aber das ist nicht fair. Wir müssen jetzt nicht mehr schauen, wer den Giro gewinnt, sondern darauf, wie er ihn gewinnt, und Nibali muss auf ganzer Linie triumphieren. Die Hochgebirgsetappen des Wochenendes werden ein bisschen zusammengestrichen, der Schnee wird manche Passagen streichen, aber Vincenzo kann nichtsdestotrotz lange Jahre der Bitterkeit und Enttäuschung beenden. Es muss der Hai sein, der ohne Gnade attackiert und uns mit seiner Kraft verführt. Wir werden froh sein, am Straßenrand zu stehen und ihn zu erwarten, darauf hoffend, dass er uns mit einem einzigen Biss das Herz entreißt, damit von dannen fährt und einen kleinen Teil von uns in seinen Triumph legt.

Genau deshalb gibt es Namen

24. Mai, neunzehnte Etappe (ausgefallen):
Ponte di Legno–Val Martello

Es gibt Tage, die mit einer Reihe derartig saftiger Ohrfeigen beginnen, dass sie uns fast davon überzeugen, sofort ins Bett zurückzukehren und zu schauen, ob wir vielleicht am nächsten Morgen mehr Glück haben.

Ich stehe voller Vorfreude auf die heutige Etappe auf, die derart legendär ist, dass ich eigentlich gar nicht richtig geschlafen habe, so gebannt war ich von der Erwartung dieses schrecklichen Tagesabschnitts, der den Gaviapass, das Stilfser Joch und die Bergankunft in Val Martello umfasst – hohe und tödlich schwere Anstiege.

Und um auch noch das Höchste der Gefühle herauszukitzeln, gehe ich heute Morgen zur Rezeption hinunter und frage, wo das Angelgeschäft des Dorfes ist, denn wir sind in Dimaro und ich habe gelesen, dass es in dieser Gegend einen guten Ort zum Forellenangeln gibt.

Die junge Frau hinter der Theke lächelt, schüttelt den Kopf und erklärt mir, dass dieser seit einem Monat geschlossen sei.

»Aber«, fügt sie hinzu, »ein bisschen außerhalb des Dorfes gibt es ein Geschäft, das ausgestopfte Tiere verkauft.«
Ich stehe einen Augenblick wie angewurzelt da und starre sie an, in dem Versuch, jene Verbindung nachzuvollziehen, die in ihrem Kopf so klar zu sein scheint, während sie mich weiter anlächelt. Es ist ein eingefrorenes Lächeln der Höflichkeit, fast wie eine Lähmung. Ich will sie fragen, was ein Angelladen und ein Geschäft, in dem sie ausgestopfte Tiere verkaufen, gemeinsam haben, aber ich will mir nicht den Tag ruinieren. Denn da ist die wiedergefundene Leidenschaft der Italiener für den Radsport, da sind der Enthusiasmus und Rekord-Einschaltquoten im Fernsehen und eine wunderbare Etappe, die bald losgeht.
»Aber Madonna di Campiglio ist ganz in der Nähe«, sagt die junge Dame. Schon wieder finde ich den roten Faden in ihrem Gedankengang nicht, aber sie zeigt ihn mir selbst auf: »Dort kann man das Ski-Museum besuchen.«
»Ja, okay, danke. Aber Skifahren mag ich nicht. Und jetzt habe ich keine Zeit mehr, ich muss die Etappe begleiten.«
»Die Etappe?«
»Ja, die Etappe des Giro, wissen Sie?«
Darauf sie, sehr deutlich und professionell: »Ja, sicher, aber die heutige Etappe fällt aus«, und während sie es mir erklärt, wird ihr Höflichkeitslächeln noch größer.
Und ich weiß nicht, was ich sagen soll. Wobei, natürlich weiß ich es, ich würde gerne sagen: »Warum zur Hölle lächeln Sie dann?«, aber ich halte mich zurück. Und atme tief durch. Denn diese schreckliche Sache kann nicht wahr sein. Was weiß sie schon davon? Ich bin als Pressekorrespondent beim Giro d'Italia, und eine so brisante Neuigkeit soll mir jemand

geben, der nicht einmal den Unterschied zwischen einem Angelgeschäft und einem Tierpräparator kennt?

Ich verabschiede mich höflich (wobei, um ehrlich zu sein, so richtig höflich nicht) und gehe in den Frühstücksraum, um mich bei jemandem zu informieren, der mehr davon versteht.

Aber da, inmitten von Brotscheiben und Kaffeetassen, muss ich gar erst nicht fragen, es reicht, in die Gesichter der Journalisten und der Mitarbeiter des Veranstalters zu schauen, um zu kapieren, was Sache ist.

Auf Wiedersehen, Königsetappe, auf Wiedersehen, Gaviapass und Stilfser Joch, heute stehen die Räder still, die Etappe wird übersprungen. Schuld haben einmal mehr der Schnee, in diesem Mai, der mitten im Winter zu liegen scheint, und der Sturm, der sich gestern Nacht entfesselt hat, während ich nicht schlafen konnte und mir den spektakulären Kampf vorgestellt habe, der nun gar nicht stattfinden wird.

Ich setze mich an den Frühstückstisch, aber esse nichts, trinke nichts, versuche nur, den kleinen Jungen in mir davon zu überzeugen, dass heute nicht gefahren wird. Der Luna-Park hat geschlossen, die Karussells stehen still, keine Zuckerwatte, keine Achterbahn.

Ich versuche, diese tiefschwarze Neuigkeit zu akzeptieren, als ein Journalist mit Beerdigungsmiene den Raum betritt, meine Verzweiflung erkennt und mich fragt: »Ach, weißt du es auch schon? Di Luca wurde positiv auf EPO getestet.«

Aber wie, aber wann, aber warum? Ich nicke, doch ich weiß nicht einmal mehr, wo ich bin, wer mit mir gesprochen hat und was er mir gesagt hat. Diese beiden Tiefschläge haben mich, gerade erst aufgestanden, niedergestreckt.

Den ersten muss ich irgendwie wegstecken, auch wenn es sehr wehtut: Das ist Teil der Natur eines Sports, der mitten unter uns lebt und denselben Unvorhersehbarkeiten ausgesetzt ist wie wir. Das ist die Schönheit und die Schwäche des Radsports. Aber nur, weil wir das Wasser, den Schnee und das Eis akzeptieren müssen, heißt das nicht, dass ich den Horror des Falls Di Luca akzeptieren kann. Positiv getestet. Auf EPO.

Ich denke darüber nach und mir wird schlecht. Ein bisschen wegen der Verzweiflung, die hinter einer so eklatant selbstzerstörerischen Aktion eines Fahrers am Ende seiner Karriere stecken muss. Aber vor allem, weil das große Spektakel dieses Giro d'Italia jetzt in den Schatten gestellt wird von einer Nachricht, die all jenen weit aufgerissenen Mündern neuen Atem einhaucht, die gerne Dinge sagen wie: »Das ist ein durch und durch verdorbener Sport«, »Ohne Doping kann man so etwas wie den Giro eh nicht schaffen«, »Die sind doch alle gedopt«... Es gibt nichts Bequemeres als Klischees und Schwarzweiß-Malerei, es gibt nichts Beruhigenderes.

Di Luca positiv auf EPO, und schon geht es von vorne los. Schluss mit den Nachrichten meiner Freunde, die nach Jahren der Gleichgültigkeit gerade anfingen, mich zu fragen, ob Nibali in Form sei, ob er den Giro gewinnen könne, ob er es auch im Juli bei der Tour probieren könnte. Auf Wiedersehen, Eltern, die schon fast daran dachten, ihre Kinder, statt sie zum Fußball- oder zum noch cooleren Rugbytraining zu schicken, beim örtlichen Radsportverein anzumelden.

Zurück sind stattdessen die Scherze, zurück sind die Bilder von Spritzen im Arm, sobald der Radsport auch nur ansatzweise zur Sprache kommt, zurück ist das Gefühl, das dich überkommt, wenn du die wesentlichen Momente einer Etappe beschreibst und die Leute um dich herum dich nur mitleidig anschauen, als wärst du ein dicker Pummel, der sich für so etwas Blödsinniges wie amerikanisches Wrestling begeistert. Situationen, die wir Radsportfans zuhauf kennen, und die wir hofften, Schritt für Schritt hinter uns lassen zu können. So wie EPO, diese Vintage-Droge, die zu nehmen, heute, im Sport mit den meisten Dopingkontrollen, dem Versuch ähnelt, eine Leibesvisitation mit einem Flammenwerfer in der Hand anzugehen und zu hoffen, dass es nicht bemerkt wird.

Aber ich fürchte, diese Betrübnisse sind zeitlos, sie verschwinden niemals von dieser Welt. Wir Fans sind daran gewöhnt, wir haben viel ertragen und werden weiter durchhalten. Abgesehen davon kann man ja nicht behaupten, dass der Radsport sich viele Schlamassel nicht selbst zuzuschreiben hat. Leistungssteigernde Substanzen, die aus der Welt des Pferdesports übernommen worden, Arzneimittel aller Art, Eigenbluttransfusionen, die zu Hause fröhlich zubereitet werden wie Tomatensaft. Es ist so weit gekommen, dass wir eingefleischten Radsportanhänger einen Sport verfolgen, bei dem du hoffst, dass dein Lieblingsfahrer schnell fährt, aber bitte nicht zu schnell, andernfalls dauert es nicht lange, bis die Nachricht auftaucht, er sei positiv auf irgendwelche Substanzen mit seltsamen Namen getestet worden, und das war's. Und die Mär, dass Doping ein Problem der Vergangenheit sei, das die älteren Fahrer im Peloton betreffe, während die neue Generation sauber ist, bitte schön, mir gefällt sie und ich höre ihr immer wieder mit Freuden zu, aber wenn Jahr für Jahr immer wieder die gleiche Geschichte aufgetischt wird, Generation für Generation, wird es irgendwann schwierig, sie noch zu glauben.

Und so gibt man ihnen im Grunde seines Herzens in manchen Momenten durchaus ein bisschen recht, den Einfaltspinseln in den Bars, die nichts vom Radsport verstehen, aber immer bereit sind, Urteile zu fällen. Nach dem Motto: Alle Radrennfahrer sind gleich, die Typen sind eh alle gedopt.

Aber wissen Sie was? Das ist für niemanden gut. Es ist nicht richtig. Genau wie damals, als ich in der Grundschule war und mich die Lehrerin so wütend machte, als sie der ganzen Klasse die Pause strich, nur weil Sergio eine Bank beschmiert hatte, weil Sergio ein Heft in Brand gesteckt hatte, weil Sergio die Schürze einer Klassenkameradin ins Klo geschmissen hatte. Es war damals nicht richtig, und das ist es heute immer noch nicht. Denn ich habe die Erschöpfung gesehen, die Freude, den Schmerz, die Hände, die den Lenker vor Müdigkeit und Kälte zitternd umklammern. Ich habe Radfahrer alles geben sehen in Situationen, die die gefeierten Stars anderer Sportarten niemals erleben, nicht mal in ihren schlimmsten Albträumen.

Also, bevor ihr Lästerer den Mund aufmacht und den immer gleichen Mist erzählt, schaut euch die Radprofis gut an. Und fragt sie nicht, wie alt sie sind, sie haben alle schwer zu tragen. Denn Radrennfahrer altern. Sie werden vom Staub zerfressen, der Schweiß höhlt ihre Körper aus, die Sonne brät sie und die Kälte trocknet sie aus. Sie fahren bergab durch Kurven, hinter denen es jäh in die Tiefe geht, so schnell, dass die Autos vor ihnen mit großem Vorsprung losfahren müssen, ansonsten würden die Radfahrer sie einholen. Ja, genau, sie holen Autos mit dem Fahrrad ein. Und da hilft kein Doping, in der Abfahrt.

Radrennfahrer sind Menschen wie wir. Das Fahrrad schenkt ihnen den Lebensunterhalt, aber sie schenken dem Fahrrad Leben. Manch einer macht etwas richtig, ein anderer macht es falsch, wieder ein anderer baut richtigen Mist. Genau deshalb gibt es ja Namen, denn jeder hört auf seinen eigenen. Also, wenn Sergio einen Fehler macht, darf man nicht die ganze Klasse dafür büßen lassen. Aus vielerlei Gründen, aber am Ende nur aus einem: weil es nicht richtig ist. Punkt, Ende, aus.

Ich liebe einen Adler

25. Mai, zwanzigste Etappe:
Silandro–Tre Cime di Lavaredo

Die Bitterkeit der ausgefallenen Etappe schwindet ein bisschen, als wir ins Auto steigen und auf direktem Wege nach Meran fahren – wo es mir sehr gut gefällt, man kurvt durch die engen Straßen des Örtchens, schaut sich die hohen Kirchen und die alten Häuser mit Spitzdächern an und kommt sich vor, als wäre man mitten in einem Horrorfilm gelandet, der in Transsilvanien spielt.

Nun gut, ich war noch nie in Transsilvanien, und meine rumänischen Freunde sagen mir immer, dass nichts dran ist an den Gerüchten, trotzdem gibt mir Meran dieses Gefühl, und meiner Meinung nach gehören Gefühle, die dafür sorgen, dass es uns gut geht, gehegt und gepflegt, wen interessiert es da schon, ob sie wahr sind.

Wir lassen das Auto auf einem Parkplatz stehen, neben zwei Polizisten, dann gehen wir zu unserem Hotel, und die Dame an der Rezeption teilt uns sehr ernst und mit deutschem Akzent mit, dass wir zu früh und unsere Zimmer daher noch nicht fertig sind.

Enzo und ich bitten mit gesenktem Blick um Entschuldigung, aber wir sind nicht ganz zufrieden: Ein solch kleiner Tadel kann doch nicht alles sein, in dieser Gegend erwarten wir etwas Temperamentvolleres, eine echte anti-italienische Szene, von der wir, wenn wir nach Hause kommen, unseren Freunden in der Kneipe erzählen können, nach dem Motto: »Ich sag dir, so was Beklopptes hast du noch nicht erlebt!« Stattdessen: Nichts, weder gestern Abend noch heute Morgen. In Regen und Schneeregen sind auf den Straßen im Stadtzentrum ausnahmslos nette Menschen unterwegs, die sich dazu zwingen, in unserer Sprache mit uns zu sprechen, auch wenn sie diese offensichtlich eher mäßig beherrschen. Und das ist schön, aber auch enttäuschend, und tatsächlich verlassen wir Meran nach dem Frühstück mit einem verkniffenen Mund.

Es dauert ein wenig, bis wir die Schilder verstehen und die Richtung der Autobahn finden, und wie es uns so oft passiert, fahren wir erst mal eine halbe Stunde im Kreis, bevor wir die richtige Straße erwischen, verlieren uns in immer kleineren Straßen, bis wir auf einem verlassenen, geschotterten Pfad inmitten von endlosen Weinreben landen, der so schmal ist, dass es dem Herren auf dem Fahrrad, der uns entgegenkommt, nicht gelingt, seitlich an unserem Auto vorbeizufahren.

Man müsste ihm sagen, dass der Platz ausreicht, aber der Herr ist ganz rot im Gesicht und scheint ein großer Liebhaber der Früchte dieser Reben zu sein, also fährt er im Zickzack weiter und baut sich vor Enzos Fahrerseite auf, sein Blick ausgesprochen verwirrt. Er senkt den Blick zur Karosserie, sieht die leuchtenden Schriftzüge des Giro und mit einem Schlag erwacht er wieder zum Leben, verfällt in blanke Wut und schreit uns entgegen: »Ciro di Itallia? Ciro di Itallia? Via! Via! Haut ab, zurück nach Itallia! Raus!«

Und so schenkt uns dieser Mann endlich, als wir schon nicht mehr darauf hofften, jenen Moment folkloristischer Feindseligkeit, den wir vorher so sehnlich erwartet hatten. Wir lächeln und grüßen ihn mit der gelassenen, italienischen Kultiviertheit, um die uns die Welt beneidet: Ich strecke ihm den erhobenen Mittelfinger entgegen, während Enzo ihn anschreit: »Denk dran, dass wir hier in Italien sind, wir können kommen und dir auf den Sack gehen, wann immer uns danach ist!«

Und wir fahren weiter mit einem langen Hupen, das – mehr noch als Verdi, mehr noch als Mameli – die einzig wahre italienische Hymne ist. Mit leichtem Herzen machen wir uns anschließend auf Richtung Silandro (oder »Schlanders«, wie es hier heißt), dem heutigen Startort, wo uns der x-te Tag arktischer Eiseskälte erwartet.

Gestern hat der Schnee die lange Etappe mit Gaviapass und Stilfser Joch boykottiert, heute überlebt das Rennen schrecklich verstümmelt, ohne die drei schweren Pässe Costalunga, San Pellegrino und Giau. Nur der Schlussanstieg bleibt, die legendäre und furchtbare Kletterpartie hinauf zu den Tre Cime di Lavaredo.

Es handelt sich um die letzte echte Etappe des Giro (die morgige nach Brescia ist mehr als alles andere eine Feier), und ich und Enzo wollen sie so gut es geht genießen. Das 3.500 Kilometer lange Rennen neigt sich dem Ende entgegen – mit unserem Auto haben wir sogar schon mehr als 8.000 Kilometer zurückgelegt –, und trotzdem strotzen wir noch immer vor Abenteuer und lechzen nach eben diesem.

Zur Mittagszeit halten wir am Streckenrand, um ein Brötchen mit Würstchen und Kraut zu essen, dann fahren wir weiter, mit einem auf volle Lautstärke aufgedrehten und auf einen lokalen Sender eingestellten Autoradio, das uns typische Lieder der Region schenkt. Die sind praktisch identisch mit der volkstümlichen Tanzmusik, wie sie das Orchestro Casadei spielt, aber mit einem schallenderen Akkordeon, Marschrhythmus und Texten auf Deutsch, die beinahe alle von der Schönheit, der Liebe und den Dolomiten handeln, abgesehen von einem Lied mit einem tragischen Finale, in dem, wenn ich es richtig verstanden habe, zwei Verlobte die Gipfel der Berge erklimmen, sie aber stirbt, wahrscheinlich an Erfrierungen.

Die Arme, man kann es beinahe nachempfinden, wir haben Mitte Mai und das Thermometer zeigt uns immer wieder Temperaturen, die sich um den Nullpunkt herum bewegen, in einer weißen Landschaft mit zugefrorenen kleinen Seen und Schneeflocken groß wie zusammengeknüllte Papiertaschentücher, die irgendein Engel mit Erkältung aus dem Himmel herunterschmeißt.

Um zumindest den Schlussanstieg zu den Drei Zinnen befahrbar zu halten, fahren seit gestern Abend fünfzehn Räum- und Streufahrzeuge hin und her, und nur dank ihnen kann man zwischen zwei gefrorenen weißen Wänden weiterfahren.

Aber das, was mich noch mehr frösteln lässt, ist die Kleidung der Fans, die meinen und Enzos maritimen Augen wie eine Halluzination vorkommt: Männer, Frauen und Kinder, die fröhlich im Schneegestöber hinaufsteigen, zu Fuß oder auf dem Rad, unbekümmert und scherzend, wie ich damals, als mein

Onkel Aldo mit mir den Giro auf der Küstenstraße anschauen ging, mit einem Eis in der Hand und im dünnen T-Shirt.

Zwischen uns und ihnen muss es zwangsläufig einen Unterschied geben, der wirklich physisch ist, auf der Ebene der DNA: So wie wir Küstenbewohner damit prahlen, das Salzwasser im Blut zu haben, läuft durch die Venen dieser Leute vielleicht Frostschutzmittel. Meine Hypothese wird zur Gewissheit, als wir endlich am Ziel ankommen, aus dem Auto steigen und uns ein Bergführer mit nichts als einem bis zur Brust aufgeknöpften Flanellhemd entgegenkommt. Das Thermometer zeigt Minusgrade an, und als er sieht, dass ich angezogen bin wie Amundsen, als er den Südpol eroberte (oder wie Scott, als er versuchte, ihn zu erobern, und dabei erfror), sagt der Bergführer zu mir: »Bravo, Sie haben sich richtig angezogen, wo doch heute Nachmittag die Kälte kommen soll.«

Ich drehe mich zu Enzo um und erkenne in seinen Augen den gleichen Horror.

Er flüchtet sofort in die Berghütte am Ende der Straße, ich bleibe aber noch ein bisschen hier, inmitten dieses Weiß, das alles bedeckt, die berühmten Zinnen von Lavaredo inbegriffen, die eigentlich zu dritt sind, von denen man heute aber nicht einmal eine sehen kann.

Ich entferne mich von den Menschen und klettere über eine kleine Mauer aus Eis, denn ich muss pinkeln, und die einzige Sache, die mir am Schnee gefällt, ist hineinzupinkeln, im Versuch, etwas zu schreiben. Ich öffne meinen Hosenschlitz und stecke meine eisige Hand hinein, um nach dem zu greifen, was ich brauche, aber auf der Stelle nicht finde, und ich probiere es weiter mit den Augen auf den Schnee gerichtet, auf den Felsvorsprung unter mir, auf die drei gespenstischen Zinnen, die dort vor mir liegen sollten. Und urplötzlich, auf wundersame Weise, sehe ich ihn.

Einen Adler, der durch die Luft fliegt.

Mehrere Male in meinem Leben (fünfmal, um genau zu sein) glaubte ich schon, einen Adler am Himmel gesehen zu haben, aber jetzt ist klar, dass das auf keinen Fall echte Adler waren. Denn wenn du glaubst, einen Adler gesehen zu haben, aber ein kleiner Zweifel bleibt, dass es vielleicht doch ein Falke oder ein Bussard oder etwas anderes war, heißt das, dass es etwas anderes gewesen sein muss. Und wenn du stattdessen wirklich einen Adler siehst, schaust du ihn an, atemlos und ohne Zweifel.

Kraftvoll, groß, riesig, viel größer als reale Dinge, mit Flügelfedern, die sich getrennt voneinander spreizen, wie Finger am Ende von gigantischen Händen. Und vielleicht beleidige ich ihn, indem ich das sage, aber ein Adler im Flug gleicht wirklich einem Menschen, einem märchenhaften Menschen, der die Arme ausbreitet und vom Wind in den Himmel getragen wird.

Ich schaue ihm dabei zu, wie er seine Kreise zieht, auf- und absteigt, ohne einen einzigen Schlag mit den Flügeln zu machen, er lässt sie nur ausgebreitet und sich von der Luft dorthin bringen, wo er hinwill. Ich verharre verträumt auf der Kippe zwischen Bewunderung und Erfrieren, so selbstvergessen, dass ich vergesse, zu pinkeln. Dann sieht der Adler plötzlich etwas unter sich, das ich nicht sehe, begibt sich in den Sturzflug und verschwindet für immer aus meinem Leben.

Eine halbe Stunde lang warte ich darauf, dass er zurückkommt, bewegungsunfähig und besessen von diesem Anblick, verhext, ja, beinahe verliebt. Wenn ich nach Hause komme, will ich zahlreiche Bücher über Adler kaufen und alles über sie wissen, ich will einen Nationalpark besuchen, in dem sich ein Haufen Adler befinden, und einen nach dem anderen anschauen, ich will ein T-Shirt mit einem Adler darauf kaufen und es für immer am Leib tragen, und wenn ich es doch ausziehen muss, möchte ich zumindest einen Adler auf die Brust tätowiert haben.

Ja, so und nicht anders ist es, und in diesem Rausch der Leidenschaft, der mir den Atem nimmt, berührt mich plötzlich sogar dieses komplett weiße und eisige Szenario um mich herum, eingehüllt in eine Stille, die all die Rufe der Fans, die Musik und die Nachrichten aus den Lautsprechern schluckt.

Mir werden die Härte und die Kraft dieser schroffen und unerbittlichen Welt bewusst, einer Welt, in die die Banalität des Alltags nicht vorzudringen vermag und in der nur einzelne wenige Lichtpunkte großer Erhabenheit aufblitzen.

Und das, was da unten losbricht, drei Kilometer vor dem Ziel, gleicht wirklich einem Blitz, als Vincenzo Nibali aus dem Sattel geht, den Lenker umklammert und angreift.

Inmitten des Schnees, der das Fahrerfeld peinigt, an einem Tag, der in die Geschichte des Radsports und des organisierten Masochismus eingeht, krümmt der Hai den Rücken und fährt davon. Er fährt davon, um die Leere der gestrigen Etappe zu füllen, die er nicht fahren konnte. Er fährt davon, um zu verhindern, dass sich vereinzelte Dopingvorwürfe das Narrativ dieses Giro einverleiben. Er fährt davon, einfach, weil er der Stärkste ist und es so sein sollte.

Er pumpt in die Pedale, spuckt den Schnee aus, der in seinem Mund landet, kneift die Augen zusammen, um inmitten des Gestöbers den Verlauf der Straße zu erahnen. Und er zieht durch, findet in sich die letzten Energiereserven oder erschafft vielleicht sogar neue, nachdem er alles aus sich herausgepresst hat, denn das ist der Moment, um alles zu geben, jetzt ist da nur noch die Ziellinie, die auf ihn wartet, am Ende eines endlos langen Anstiegs, der schon vor langer Zeit begonnen hat. Nämlich bereits damals, als er als kleiner Junge von Sizilien in die Toskana zog, wo der Radsport Religion ist. Hier nahmen die Jugendrennen ihren Lauf, die beinezermürbenden Trainingseinheiten, die fürs Talent geopferte Jugend, Schweiß und Muskelkater als Ersatz für Freizeit, Disco und die tausend chaotischen Gefühle der Kindheit, die zwar Blödsinn sind, uns aber so entflammen wie nichts anderes im Leben.

Und wer weiß, wie viele Leute ihn in diesen Jahren gefragt haben: »Vincenzo, für wen machst du das eigentlich?« Nur gibt es dafür keine einfache Antwort, die einzig wahre Antwort sind diese drei Kilometer, die Nibali bis zum Ziel fährt, jetzt, da nur noch so wenig fehlt, jetzt, wo ihn nichts mehr aufhalten kann und nur noch Zeit ist, die Arme zu heben und zu gewinnen.

Und während er gewinnt, gewinnen durch eine seltsame Magie auch wir. Wir, die wir dabei sind, auf dem Sofa oder am Straßenrand, und einem anderen Menschen zusehen, der sich für seine ureigenen Ziele abmüht, Ziele, die keinen wirklichen Vorteil in unser Leben bringen, um die man sich also eigentlich nicht scheren müsste. Und doch ist sein Erfolg mit einem Mal auch unsere Angelegenheit, und während er jubelt, brechen auch wir in Freude aus.

Wir jubeln eine Ewigkeit, die von Stoppuhren mit 17 Sekunden bemessen wird, dann kommen die Verfolger an: Evans, bei dem sich der Schnee an den Augenbrauen festklammert, Urán, dessen Gesicht in einer Art Lähmung verzerrt ist, Scarponi, der sich heißen Tee über seine Hände schüttet, die in den Handschuhen gefroren sind und nicht mehr herauskommen wollen.

Hinter ihnen dann die Verspäteten, die Erschöpften, die Domestiken und die Gestürzten. Und am Ende, wirklich ganz am Schluss, die Gruppe der Sprinter, eigentlich gewohnt, in der ersten Reihe zu stehen und sich um den Sieg zu balgen, aber heute alle gleichgemacht, auf ein und dasselbe Niveau zurückgestutzt im Angesicht des strengen Gesetzes der Berge. Der Superchampion Cavendish fährt die letzten Meter tatsächlich schwankend direkt neben Edwin Ávila, dem kolumbianischen Neuling, der ganz verwirrt oben ankommt, und vielleicht weiß er nicht einmal, wo er sich befindet. Doch das stimmt nicht, Edwin weiß es sehr gut, und tatsächlich, als er durchs Ziel fährt, hebt er die Arme und schreit vor Freude. Denn auch er hat sein Rennen gewonnen und ist dabei, sich den unmöglichen Traum zu erfüllen, diesen Giro zu Ende zu bringen, den kompletten Giro.

Sie beenden die Etappe und haben nicht einmal mehr die Kraft, die Füße von den Pedalen zu lösen. Zum Glück gibt es jemanden, der herbeieilt, sie in den Arm nimmt, ihnen eine Decke umlegt und sie wie Erdbebenopfer wegträgt. Sie haben über Stunden gelitten und gekämpft an einem fürchterlichen Tag, und nun endlich sind sie da, blau im Gesicht und mit Rotz, der sich über Nase und Mund gelegt hat, komplett erledigt und reif für die Tonne, aber alles in allem glücklich, weil sie ihr Ziel erreicht haben, das da lautet, morgen wieder in den Sattel zurückzukehren, bereit für einen neuen Kampf.

Das ist der Grund, warum wir, nachdem wir mit Nibali triumphiert haben, ein weiteres Mal gewinnen, und noch einmal und noch einmal, immer weiter mit ihnen. Denn während die Fahrer die letzten Serpentinen erklimmen, durch Schnee und Gegenwind, die ihnen ins Gesicht peitschen, haben wir in ihrem Leiden auf dem Rad für einen Augenblick unsere schwersten Tage wiedererkannt, unsere Gedanken und Träume, diese kleinen Teile unseres Lebens, die immer wieder auseinanderzubrechen drohen, bei denen es uns aber doch irgendwie gelingt, sie zusammenhalten, auch wenn der Rest der Welt über uns herfällt und uns fertigmachen will.

Es ist nur ein Rennen, und doch sind es zusammen Hunderte, Tausende, Millionen von Unterfangen, die sich nebeneinander vollziehen, ein jedes mit all seinen Triumphen und Niederlagen.

Also, ja, es mag stimmen, dass Nibali heute gewonnen hat, dass Duarte als Zweiter und Rigoberto Urán als Dritter angekommen ist. Aber in Wahrheit ist die Reihenfolge im Ziel eine andere, eine Reihenfolge, wie sie schon vor vielen Jahren ein Dichter namens Alfonso Gatto beschrieben hat, der sich mit dem Radsport auskannte, obwohl er selbst nicht Rad fahren konnte. Es ist ein sehr einfaches, kurzes und zugleich umfassendes Klassement.

In meinem Herzen alles Sieger.

Auf der Flucht vor dem Ende

26. Mai, einundzwanzigste Etappe: Riese Pio X–Brescia

Es kommt mir so seltsam vor, und doch endet heute der Giro. Es ist die letzte Etappe, wir kommen in Brescia an und dann war es das, es kommt nichts mehr, keine weitere Ziellinie erwartet uns mehr. Normalerweise endet der Giro in Mailand, mit der klassischen Einfahrt auf der Piazza Duomo, diesmal allerdings endet er in Brescia, und meiner Meinung nach ist es genau richtig so: Der Radsport hat eine eigene Geografie, in der die großen Zentren klein werden und umgekehrt. In der Welt des Fahrrads ist die schmale Gasse, die auf den Gipfel des Mortirolo hinaufführt, wichtiger als die Via Aurelia, und der Carrefour de l'Arbre, ein abgelegenes Stückchen Kopfsteinpflaster im Schlamm vor Roubaix, ist mehr wert als Rom, London und Los Angeles zusammen. Es ist eine besondere Geografie, kombiniert mit einer ganz eigenen Geschichte, die sich nicht um den Kalender schert oder das, was da draußen geschieht.

Das große Epos des Radsports hat genau hier begonnen, als in der äußeren Zeitrechnung die Motoren erfunden wurden und der Radsport beschloss, unbeirrt seinen Weg fortzusetzen. Bis zu diesem Moment war das Fahrrad ein sehr schnelles Transportmittel, etwas Gefährliches, das von manchen gar als teuflisch angesehen wurde. Für Frauen war es unanständig, für Priester verboten. Dann kamen die Autos, kamen die Motorräder, und das Fahrrad stand vor dem gleichen Dilemma wie die Malerei, als die Fotografie geboren wurde: Hatte es nun, da es auch ohne ging, noch einen Sinn, weiterzumachen? Kurzum, im Raum stand die Frage nach dem »Radsport im Zeitalter seiner motorisierten Reproduzierbarkeit«. Wollen wir daran festhalten, um die Wette Fahrrad zu fahren, nun, da die motorisierten Fortbewegungsmittel die gleichen Strecken abdecken und ihnen mit höherer Geschwindigkeit trotzen? Der Radsport hat dies bejaht. Wobei, vielleicht hat er nicht einmal geantwortet, sondern hat das Einzige gemacht, was er kann: Er ist mit voller Kraft weitergefahren, hat die Augen vor lauter Schweiß zusammengekniffen und sich nicht darum gekümmert, was um ihn herum passiert. So wurde das, was sein Ende hätte werden können, zu seinem Anfang, dem Anfang eines langen Abenteuers, das mit Zeit und Raum der übrigen Welt nichts gemeinsam hat.

Und in diesem Abenteuer zählt Brescia genauso viel wie Mailand. Wobei, vielleicht sogar mehr, denn ich habe gelesen, dass sie in Brescia hervorragende gefüllte Aale und gebackene Schleie servieren, und während wir unserem letzten Ziel entgegenreisen, versuche ich, den Trübsinn zu verjagen, indem ich an die Schleie denke, die mich zum Mittagessen erwarten.

Aber in Wahrheit verjage ich gar nichts, im Gegenteil, der Trübsinn verstärkt sich sogar noch, denn wenn ich an Schleie denke, kommt mir sofort meine Tante Gilda in den Sinn, Gott hab sie selig, bei der ich von klein auf Angeln gegangen bin, dort am Lago Massaciuccoli. Am Haken befestigte ich stets ein Stückchen Polenta, sodass nur Schleie anbissen, und die zwei schönsten und goldensten, die ich fing, brachte ich auf direktem Wege zu ihr. Meine Tante nahm sie und stopfte sie so, wie sie waren, mit Kopf und Schwanz und allem, in eine Passiermaschine aus Stahl, die eigentlich dafür gedacht war, gekochte Kartoffeln oder andere weiche Dinge zu passieren, aber sie, mit ihren hageren und gleichzeitig mörderischen Armen, klammerte sich an die Kurbel und schaffte es, diese ganzen Bestien am Stück hindurchzudrehen.

Das Ergebnis dieses Gewaltakts war ein himmlisches »Risotto alla tinca«, eine absolute Köstlichkeit, die ich seither nie wieder gegessen habe, und heute in Brescia hoffe ich, diesen verlorenen Geschmack wiederzufinden.

Aber das sind letztlich nur Wegwerfideen, im Grunde sinnlose Versuche, die Bitterkeit zu vertreiben, denn in Brescia wird keine Zeit sein für Schleie, ja, nicht mal für ein Panino auf die Hand: Heute ist es wie am letzten Schultag, mit dieser leicht bitteren Glückseligkeit, die du einatmest am Ende der wichtigsten Abenteuer. Und ich werde all die Stunden, die mir noch bleiben, damit verbringen, mich von vielen Menschen zu verabschieden, die ich nie wiedersehen werde.

Und es ist in Ordnung so. In diesen dreieinhalb Wochen habe ich in zu vielen Restaurants gesessen, in zu vielen Osterien, Raststätten, Pizzerien, Bäckereien, Snackläden und Bistros, und jetzt will ich bei mir zu Hause essen, wie es mir gefällt, alleine und ohne Menschen, die mich bedienen, ganz entspannt, mit Wasser, das ich aus der Flasche trinke, und dem eingeschalteten Fernseher vor mir.

Und ich will einfach in meinem eigenen Bett schlafen, nach mehr als zwanzig Hotels, die wir abgeklappert oder gerade so erreicht haben, oft ohne überhaupt zu verstehen, wo genau wir uns befinden. Ich muss allerdings zugeben, dass es alles Luxushotels waren, mindestens vier Sterne, ich mich also jetzt eigentlich nicht beschweren kann.

Erst recht, weil ich entdeckt habe, dass es so nicht für alle läuft und die Qualität der Quartiere drastisch variiert, abhängig von deiner Rolle in der Kolonne, gemäß einer Unterteilung nach Kasten: Die Glücklichsten sind die Journalisten und die obersten Figuren in der Organisation, von da an geht es bergab, über die Motorradfahrer und die Leute aus der Werbekarawane, die mindestens zu dritt in einem Zimmer einer abgelegenen Pension schlafen, bis hin zu den Arbeitern, die für den Auf- und Abbau der Absperrungen entlang der Strecke zuständig sind und die sich meiner Beobachtung nach damit abgefunden haben, auf einem Strohsack in ihrem Lieferwagen zu schlafen.

Um den glücklichen Umstand maximal auszunutzen, habe ich morgens, wenn ich eine kurze Trennung von diesem Luxus in Kauf nehmen musste, immer versucht, ein Stück davon mitzunehmen, indem ich jedes kleine Fläschchen Shampoo einsackte, ebenso Kugelschreiber mit dem Namen des Hotels, Notizblöcke und Duschhauben, Hotelschlappen und praktische Nähsets.

Ich kann nichts dagegen tun: Sich kleine Geschenke mit nach Hause zu nehmen, ist eine schöne Genugtuung in dieser

Welt, in der man alles bezahlen muss. Aus diesem Grund verlieren wir bei dem Wort »gratis« alle Beherrschung und rennen los wie hungrige Raubtiere. Das wissen die armen Jungs der Werbekarawane nur zu gut, deren Job es ist, dem Peloton in den Autos der Sponsoren vorauszufahren und den wartenden Fans allerlei Give-aways zuzuwerfen, aber in der Praxis ist es ihr Handwerk, die Attacken der nach Geschenken hungernden Meute zu überleben.

Einer der Verantwortlichen der Werbekarawane ist Stefano Polacci, der wie ich aus Forte dei Marmi kommt. Ab und zu, nach der Etappe, bin ich ihm über den Weg gelaufen und habe ihn gefragt, wie es läuft, aber seine Geschichten nach dem Rennen hatten wenig mit Sport zu tun, sondern hörten sich eher wie blutige Reportagen aus Vietnam an. Angriffe, Übergriffe, Leute, die zu allem bereit sind, nur um etwas für umsonst aufklauben zu können.

Ich kann es mir gut vorstellen, wenn man überlegt, dass sogar Enzo und ich – auf deren Auto »Presse« geschrieben steht und die keine Sachen zum Verschenken dabeihaben und in der Hand nur einen Stift und ein Ringbuch (ich) beziehungsweise einen Lutscher (Enzo) halten – regelmäßig von Leuten überfallen wurden, die sich mit weit aufgerissenen Augen und einer einzigen obsessiven Forderung im Mund beinahe in die Hose machten: »Kappe! Kappe!« Wir schüttelten den Kopf, und sodann erging die Forderung: »T-Shirt! T-Shirt!«, dann: »Schlüsselanhänger! Schlüsselanhänger!«, und schließlich, ganz am Ende und der Verzweiflung nahe: »Na, kommt schon, irgendetwas!«

Denn es ist nicht wirklich das Objekt der Begierde selbst, sondern die Idee, etwas mit nach Hause zu bringen, ohne dafür bezahlt zu haben, was die Leute derart in Aufregung versetzt. Und so müssen es die heldenhaften Jungs der Werbekarawane mit Horden Wildgewordener aufnehmen, die nicht davor zurückschrecken, sich vor ihre Autos zu werfen oder auch unter ihre Reifen, mit Scharen von Menschen, die stundenlang am Start und entlang der Zielgeraden ausharren, in Sonne oder Regen, die ihre Kinder benutzen, um sie vor die Menge in die erste Reihe zu schubsen, oder die sich Geschichten über ihre Krankheit oder letzte Wünsche ausdenken, um eine gigantische Papphand mit der Werbung eines Radiosenders zu ergattern, einen Luftballon in der Form eines Zuges oder eine Haarspange, die für Thunfisch in der Dose wirbt, mit einer gelben Flosse obendrauf.

Aber am schlechtesten von allen ergeht es den Hostessen eines Obsthandels, die dem Publikum Bananen anbieten müssen: Drei Wochen lang zwingen sich diese bemitleidenswerten Damen, immer weiterzulächeln, ungeachtet des ewig gleichen Macho-Witzes, der von den Männern am Straßenrand an sie herangetragen wird, nämlich dass auch sie eine Banane im Angebot hätten, dekliniert in unzähligen verschiedenen Dialekten.

Dann aber, am Ende eines Giro voller Tücken und Hinterhalte, sind Stefano und seine Kriegskameraden im obersten Norden angekommen, in Meran auf den Straßen Südtirols, und dort war ihr Problem genau das Gegenteil: Die Sachen, die sie zu verschenken hatten, wollte dort niemand. Niemand rannte zu ihnen, niemand fragte. Und als Stefano sich aus Verzweiflung einer Dame im Publikum näherte, sie fragte, ob er ihr einen Schlüsselanhänger anbieten könne, einen Haarreif oder einen Luftballon, war die Antwort dramatisch simpel: »Nein, danke. Ich will Sie nicht kränken, aber ich wüsste nicht, was ich damit machen sollte.«

Und ich sehe sie mir an, diese verdutzten und verlorenen Jungs, vollbeladen mit nutzlosen Dingen auf den Straßen einer absurden Nation, die manchmal nur, weil man es so sagt, ein geeintes Land zu sein scheint, so schmal und lang und vielseitig, dass es sich jeden Meter ändert und zusammen doch einen Weg findet, immer lautstark es selbst zu sein, gewunden und krumm wie die Straßen, die uns von Neapel bis nach Brescia geführt haben, wo ich vor lauter Nachdenken über Restaurants und Hotels, Sonnenhüte und Schlüsselanhänger nicht einmal mehr mitbekomme, dass wir schon angekommen sind.

Den finalen Zielsprint gewinnt der übliche Cavendish, der das Rote Trikot mit nach Hause nimmt. Der Kolumbianer Betancur sichert sich das Weiße Trikot des besten Jungprofis und der ewige Ausreißer Pirazzi das Blaue Trikot des besten Bergfahrers. Aber der Triumphator des Giro 2013 ist Vincenzo Nibali, der Hai von Messina, und während er die letzten Kilometer zurücklegt, wetteifern auf seinem Gesicht ein Lachen und Tränen miteinander.

Damit ist der Giro zu Ende. Und erst jetzt, da der teuflische Moment gekommen ist, Bilanz zu ziehen, wird mir bewusst, dass wir durch ganz Italien gefahren sind, diese gigantische Freiluftausstellung voller wunderbarer Kunstwerke, und ich habe nicht ein Museum besucht, nicht ein historisches Gebäude, nicht einen Dom und nicht eine Kathedrale.

Sicher, wir hatten es immer eilig und mussten dem frenetischen Rhythmus der Fahrer folgen, aber trotzdem habe ich die Zeit gefunden, in unzählige, an den abgelegensten Orten verstreute Angelläden zu gehen, und ich habe dort verweilt, um ein bisschen mit den Besitzern und den Kunden über ihre bevorzugten Techniken und ihre sensationellsten Fänge zu plaudern. Aber es bringt auch nichts, Entschuldigungen zu finden, nicht die Eile ist schuld, sondern der Fluch, den ich seit meiner Geburt mit mir herumtrage und der mich unempfänglich macht für jegliche Gemälde, Skulpturen und architektonische Wunder. All die berühmten Werke, für die viele Menschen Abertausende von Kilometern zurücklegen, um sie zu bestaunen, ich bin an ihnen vorbeigegangen und habe mir nicht einmal die Mühe gemacht, meinen Kopf in ihre Richtung zu drehen. Denn ich weiß vorher, wie es laufen würde: Ich würde sie anstarren, mich konzentrieren und hoffen, dass mich eine Emotion überwältigt, aber am Ende stehe ich immer einfach nur da und schaue eine Leinwand oder ein Stück Marmor oder ein Gemäuer an und fühle Nullkommanichts.

Eine frustrierende und unbezwingbare Empfindungslosigkeit, die mich wütend macht und die ich gerne verjagen würde. Oder vielleicht wäre es schöner, sie einfach auf andere Situationen im Leben umlenken zu können, in denen ich genau das Gegenteil bin. Zum Beispiel auf Situationen wie diese gerade, als der Giro endet und der Moment der Abschiede und »Auf Wiedersehen« gekommen ist, denn das ist etwas, was mich wirklich fertigmacht.

Mir fällt es schon schwer, auf der Autobahn zu fahren, die Augen nach vorne gerichtet, um nicht die Autos um mich herum und auf der Gegenseite zu betrachten, voll von Frauen und Männern, Familien mit Fahrrädern und Kanus und Skiern auf dem Dach, Menschen, die ich nicht kenne und von denen ich nicht weiß, wohin sie fahren und ob es ihnen, wenn sie irgendwann ankommen, gut ergeht. Ich weiß nur, dass ich diese Leben, die ich einen Augenblick kreuze, nie wiedersehen werde. Ich werde sterben, sie werden sterben, ohne dass je einer von uns irgendetwas über den anderen wissen wird, und es kommt mir so absurd und traurig vor. Da kann man sich vorstellen, wie es mir jetzt erst ergeht, mit den Menschen vom Giro, von denen ich mich nach fast einem Monat der gemeinsamen Reise verabschieden muss.

Die Situation wird sogar noch bitterer, wenn ich mir vor Augen führe, dass wir uns nicht alle in gleichem Maße gegenseitig verabschieden, sondern die Umarmungen in erster Linie für mich sind. Denn tatsächlich endet für die anderen quasi nichts: Sie sind in der Welt des Radsports zu Hause, in der das Ende des Giro d'Italia nur ein paar Tage Ruhe bis zur Tour de France bedeutet, bis zur Vuelta, zur Rad-WM, zu tausend anderen Gelegenheiten, die sie öfter zusammenbringen, als sie zu Hause bei Frauen und Kindern sind.

Bei mir ist es etwas anderes, ich bin auf der Durchreise. Für mich war der Giro der Anfang und wird auch das Ende sein, und auch wenn alle, die mich verabschieden, »Auf Wiedersehen« sagen, ist klar, dass es sich um ein »Lebe wohl« handelt.

Also schüttle ich die Hände länger, als ich sollte, umarme jeden, verteile willkürlich Telefonnummern und E-Mail-Adressen und verpflichte mich, mit einem Haufen Personen in Kontakt zu bleiben, die ich nie wiedersehen werde.

Und währenddessen fühle ich etwas Prickelndes in der Kehle, das mich schwer atmen lässt. Genau wie damals, als in meiner Kindheit *Der unglaubliche Hulk* zu Ende ging, meine

Lieblingsfernsehserie, und der Abspann lief, in dem der arme Bruce Banner wegfuhr und die Menschen des Ortes, wo er in dieser Folge gewesen war, ihm zum Abschied lächelnd winkten, während Bruce sich in seiner Jeansjacke und mit seiner Reisetasche immer weiter entfernte, auf einsamen Schotterstraßen, und über all dem begann diese traurige Klaviermusik, »Ta ta ta tàn, ta ta ta tàn, tàn. Tan tàn…«

Das ist die Musik, die ich jetzt höre, obwohl die Lautsprecher von der Bühne weiterhin Disko-Müll in voller Lautstärke abfeuern, die Boxen »Pum-pum« machen und der Klang sich über das Meer der Menschen (gefühlte dreihunderttausend) ergießt, die sich in Erwartung des Rosa Trikots auf dem Platz verteilen.

Und ich frage mich, wie es sein kann, dass es immer so ist. Dass ich immer der bin, der auf der Durchreise ist, der auf unzählige geordnete, stabile und gut organisierte Welten trifft, der aber nur einen Moment bleiben kann, für den Zeitraum einer Episode. Ich streife sie und dann gehe ich meines Weges, wie ein Tourist im Leben, auf dem Weg zu einem Ziel, das ich nicht einmal kenne.

Nibali steigt auf die Bühne, reckt nach 21 Etappen des Kampfes die Trophäe gen Himmel, und es bricht ein Regen los, der heute endlich nicht aus Wasser besteht, sondern aus rosa Konfetti. Die Papierschnipsel fallen auf dreihunderttausend Menschen hinab, die jubeln und glücklich die italienische Hymne singen, und auf mich wirkt es, als würden sie sich alle untereinander kennen, als wären alle Freunde außer mir.

Es ist ein dummes Gefühl, ich weiß, aber es ist schnell unterwegs, im Herzen gestartet und nun auf dem Weg zum

Verstand. Dann zum Glück spüre ich diesen festen Schlag in der Mitte meines Rückens, der es unterbricht. Es ist einer von diesen Klopfern, die nur Enzo zu geben versteht.

»Oh, Chef, alles in Ordnung?«

Er lächelt, ich lächele. Ich weiß nicht, wie er mich in diesem Chaos gefunden hat, aber hier ist er. Und ich weiß nicht, wie er es vollbringt, genau zu wissen, was ich jetzt brauche, aber er schafft es: »Was meinst du, sollen wir fahren?«

Ich nicke sofort, und los geht's. Wir lassen den Platz hinter uns, den Giro, während alles noch jubelt und lebt, während Musik und der Geruch von Gummireifen in der Luft liegen. Wir steigen ins Auto und finden eine Kombination aus Nebenstraßen, die uns binnen weniger Momente aus Brescia hinausführen, gerade rechtzeitig, bevor das Fest endet und alle in ihre Häuser zurückkehren, die Straßen verstopfen und es zulassen, dass die Stille sich auf der verlassenen Piazza ausbreitet wie das in den Boden getretene Konfetti.

Ja, Enzo hatte eine großartige Idee. Und ich weiß genau, wie sie ihm gekommen ist. Denn ich und Enzo sind gleich, wir sind nicht für Abschiede gemacht, wir ertragen das Ende der Dinge nicht.

Enzo kann nicht einmal das Wort »sterben« verwenden.

Eher sagt er »verschwinden«, »fortgehen« oder »ins bessere Leben übersiedeln«. So ist es schon seit Beginn des Giro, aber ich habe es erst neulich Abend bemerkt, beim Abendessen in einem Biergarten in Meran, als wir mit Tomaselli und seinem Fahrer Fabrizio irgendwie auf den Schauspieler Franco Oppini zu sprechen kamen und ich irrtümlicherweise gesagt habe, er sei gestorben, und Enzo daraufhin erschüttert das riesige Würstchen fallen ließ, in das er gerade hineinbeißen wollte, und zu mir meinte: »Oh nein, das wusste ich nicht, Franco Oppini ist verloren gegangen?«

Und hier sind wir nun, Enzo und ich, auf der Flucht vor dem Tod. Es ist sieben Uhr und schnell haben wir die Lombardei verlassen, erreichen auf halber Strecke die Emilia-Romagna und sehen fast den Apennin. Zum ersten Mal seit Beginn des Giro sind wir zu früh: Wenn es so weitergeht, bin ich um acht zu Hause, anderthalb Stunden später könnte auch Enzo in Savona zu Abend essen.

Wir schalten das Radio ein, und zwischen einem furchtbaren und einem noch furchtbareren Lied verkünden sie die Nachrichten vom Giro, und sie von hier aus zu hören, hat einen komischen Effekt, es scheint unmöglich, dass wir schon so weit weg sind. Das denke ich, sage es aber nicht, und im selben Moment wird das Auto langsamer. 130, 120, 100, 80 km/h.

Wir kommen an einer Raststätte vorbei und halten an, trinken einen Kaffee und gehen aufs Klo. Dann halten wir an der nächsten Raststätte an, und an der nächsten auch. Ohne ein klares Motiv, aber mit einem klaren Ziel: Es wird halb zehn und wir sind noch nicht in der Toskana, es ist spät, wir müssen ein Restaurant finden und ein letztes Mal gemeinsam zu Abend essen.

Am Kreuz Aulla verlassen wir die Autobahn und finden in der gespenstischen Nacht von Lunigiana ein offenes Lokal. Wir essen, kehren auf die Autobahn zurück und sind – mit der korrekten Geschwindigkeit – innerhalb einer halben Stunde in Forte dei Marmi.

Mein Haus ist noch da, genau wie ich es verlassen habe. Nur die Luft ist ein bisschen wärmer, wenn auch nicht viel. Als ich mein Gepäck aus dem Kofferraum nehme, fällt mir ein, dass ich, bevor ich zum Giro aufgebrochen bin, den Kühlschrank abgestellt, aber einen Haufen Sachen darin gelassen habe: Mit Sicherheit erwartet mich in der Küche ein wissenschaftliches Experiment, das kein gutes Ende genommen hat.

Ich frage Enzo, ob er noch auf einen Kaffee reinkommen möchte, er schüttelt den Kopf, steigt aber trotzdem aus dem Auto aus, wir umarmen uns, geben uns kräftige Klopfer auf die Schultern.

»Du wirst sehen, ich komme dich bald besuchen. Ich komme mit Mariella, wir gehen auf den Markt in Forte und dann essen wir Fisch, kapiert?«

»Klar, Enzo, und dann komme ich nach Savona.«

»Prima. Ich zeige dir einen Haufen schöner Dinge. Und dann essen wir.«

Ich stimme ihm zu und nicke weiter, während Enzo wieder ins Auto steigt, wendet, mir im Rückspiegel zuwinkt und mit quietschenden Reifen und lautem Hupkonzert davonfährt.

Ich durchquere den Vorgarten und erreiche die Haustüre, aber ich habe keine Ahnung, wo ich den Schlüssel hingesteckt habe. Ich suche ihn und denke an die Peinlichkeit der Abfahrt zurück, als ich mich bei dem Gedanken, einen Fahrer zu haben, schämte. Eine Scham, die nur kurz angedauert hat, in Luft aufgelöst von der Tatsache, dass Enzo nie ein Fahrer war, auch kein Chauffeur und nicht mal ein Arbeitskollege: Enzo ist einfach ein Freund.

Die Schlüssel finde ich nicht, aber ich weiß nicht, ob ich sie überhaupt wirklich suche. Ich bleibe so stehen, sehe mich ohne Ziel um und fühle mich seltsam. Tomaselli hat es mir erklärt, dass du nach dem Giro für zwei oder drei Tage verwirrt bleibst, ähnlich wie bei einem Jetlag. Und alles, was Tomaselli seit dem Beginn des Giro gesagt hat, hat sich als wahr herausgestellt. Bis auf das eine Mal vor der Abfahrt, als er mir prophezeit hat, dass wir uns am Ende dieser drei Wochen hassen würden. Siehe da, in diesem Fall hat sich mein Freund Tomaselli ziemlich getäuscht. Und ich lächele, als mir die unzähligen Gelegenheiten in Erinnerung kommen, in denen er mich davon abgehalten hat, Unsinn zu bauen, in denen er mich mit Grissini und Biscotti durchgefüttert hat oder ich vergessen hatte, Wasser mitzunehmen und verdurstet wäre, wenn er nicht für uns beide gesorgt hätte.

Ich schaue auf den Rucksack und den Koffer neben mir, und es erscheint mir unmöglich, dass sich all das, was ich vom Giro mitgenommen habe, dort drin befinden soll.

So viele Erinnerungen, so viele Emotionen, Tonnen von echter Zuneigung. All das macht mich so glücklich, dass ich es jemandem erzählen muss. Aber das Haus ist leer und drinnen werde ich nur Leere vorfinden, die nach verdorbenen Lebensmitteln stinkt. Und deshalb kommt mir diese absurde Sache in den Kopf, und zwar, dass es wirklich an der Zeit wäre, ein weiteres Telefonat mit meinem Onkel Aldo im Jenseits zu führen.

Ich hebe den Blick zum Himmel und stelle mir vor, wie ich die Unterhaltung beginnen könnte.

»Oh, Onkel, ich bin wieder zu Hause. Der Giro ist vorbei, und ich war bis zum Schluss dabei, kannst du dir das vorstellen? Und dann...«, doch mit einem Schlag, wie ein Knall in der Nacht, klingelt mein Handy tatsächlich.

Ich taste meinen Körper suchend ab, während mein Herz heftig schlägt: Es wird der Jetlag nach dem Giro sein oder die

Müdigkeit, aber ich bin wirklich davon überzeugt, dass, wenn ich jetzt aufs Display schaue, dort steht, dass mich Onkel Aldo von da oben anruft.

Er ist es aber nicht. Es ist Enzo. Der mich von der Mautstelle vor Savona anruft. Er sagt mir, dass er bald zu Hause sein wird, Mariella habe schon die Pasta für ein stärkendes zweites Abendessen in den Topf geworfen. Er verabschiedet sich von mir und ich mich von ihm, ich höre noch einen Augenblick die Stimme von Lionel Richie im Hintergrund, dann nichts mehr.

Es erscheint mir nicht möglich, aber ich stehe schon seit mehr als einer Stunde hier draußen verloren vor der Haustüre herum. Ich finde die Schlüssel nicht, aber das allein ist es nicht. Die Sache ist die, dass ich nicht weiß, was ich suche, wo ich hingehen soll, was ich tun soll. Und vielleicht ist es auch das, was den Giro so schön macht. Es ist ein Abenteuer auf abschüssigen und unbekannten Straßen, immer in Eile und mit Tausenden Eindrücken, die überall lauern. Aber zumindest weiß man jeden Tag, von wo man aufbricht und wo man ankommen wird, und es gibt nur eine einzige Art und Weise, diesen Ort zu erreichen: die Zähne zusammenbeißen und in die Pedale treten.

Letzten Endes finde ich die Schlüssel doch, sie waren in der Gesäßtasche meiner Jeans. Ich frage mich, ob ich sie den gesamten Giro über dort aufbewahrt habe, aber ich will nicht zu viel darüber nachdenken.

Denn vielleicht ist der Giro vorbei, aber in Wirklichkeit endet er nie. Es gibt noch unzählige Ziele am Ende von unzähligen chaotischen Rennen, unzählige verschlungene Straßen, unzählige neue Welten, die nur darauf warten, von sich drehenden Rädern und kräftig pochenden Herzen durchschnitten zu werden.

Ich nehme die Schlüssel in die Hand, öffne die Tür und los.

Danksagung

Ohne einige Personen hätte diese Reise nie begonnen: Aldo Grasso, Antonio Troiano, Barbara Stefanelli, Alessandro Grazioli, Luca Traverso, Daniele Dallera und die Sportredaktion, Ferruccio de Bortoli und der gesamte *Corriere della Sera*. Ohne andere wäre sie deutlich schlimmer geendet: Mauro Vegni, Stefano Allocchio, Pier Bergonzi, Matteo Pastore und Stefano Diciatteo vom Organisationsteam des Giro d'Italia. Ebenso Marco Bonarrigo, Luca Gialanella, Sergio Neri und Enzo Vicennati, Roberta Meda, Pier Augusto Stagi, Fabrizio Di Giuli, Auro Bulbarelli, Alessandro De Stefano und Beppe Conti, Edoardo Nesi und Sandro Veronesi.

Viel verdanke ich Paolo Tomaselli, jünger als ich und trotzdem ein echter Meister seines Fachs und ein wahrer Schutzengel. Ohne ihn wäre ich viele Male gestorben, auf viele verschiedene Weisen und an vielen verschiedenen Orten.

Und ein offensichtlicher Dank gilt Enzo Grenno, aus vielen verschiedenen Gründen, die letztlich alle in einem enthalten sind: weil er Enzo ist.

Danke an Riccardo und Teresa, Giulia, Marilena, Antonio, Francesca, Michele, Giada, Debora, Daniele und Marta. Und an Sarah.

Covadonga Verlag

Die Lust am schnellen Radfahren. Abenteuer auf zwei schmalen Reifen. Die Faszination und die Geschichte(n) großer Rennen, legendärer Anstiege und bildschöner Rennräder. Die wundersame Welt des Profiradsports. Die Geheimnisse bekannter Rennfahrer und das Geheimnis erfolgreichen Trainings. Das sind die Themen, auf die der Covadonga Verlag seit seiner Gründung im Jahr 2002 sein Augenmerk legt.

Zu den Autoren zählen u. a. Dino Buzzati, Thomas Dekker, Laurent Fignon, Paul Fournel, Renate Franz, Joe Friel, Phil Gaimon, Fabio Genovesi, Hannah Grant, Jan Heine, Paul Kimmage, Philipp Köster, Tim Krabbé, Albert Londres, Guillaume Martin, Benjo Maso, David Millar, Tim Moore, Harry Pearson, Hennes Roth, Geraint Thomas, Lidewey van Noord, Jonathan Vaughters, die Velominati, Peter Winnen und Gianluca Zaghi. Radfahrer von Welt- und Kreisklasse, die dem Radsport eine literarische Stimme verleihen. Ausnahmeerscheinungen im Peloton. Radprofis, die anecken. Preisgekrönte Schriftsteller mit einem Faible für Radsport und Rennräder. Legendäre Reporter und große Humoristen. Die originellsten Chronisten der Jedermann-Szene. Internationale Koryphäen in Fragen Training, Fahrradtechnik und -restaurierung...

Sie alle schreiben für Covadonga. Meist über den Radsport, manchmal auch über seine nahen Verwandten.

Bücher im Covadonga Verlag

978-3-95726-077-2	*Von Pandabären verfolgt.* Daniel Martin
978-3-95726-076-5	*Im Peloton.* Paul Fournel
978-3-95726-075-8	*In meinem Herzen alles Sieger.* Fabio Genovesi
978-3-95726-074-1	*Übergestern in Japan.* Michael O. B. Krähe
978-3-95726-072-7	*Die Liebe zum Fahrrad.* Paul Fournel
978-3-95726-068-0	*Vuelta Skelter.* Tim Moore
978-3-95726-067-3	*Radsportherz.* Daniel Dencik
978-3-95726-066-6	*Die Gesellschaft des Pelotons.* Guillaume Martin
978-3-95726-065-9	*Von A nach B.* Dave Walker
978-3-95726-061-1	*1000/24 – Christoph Strasser.* David Misch
978-3-95726-060-4	*Radsportberge und wie ich sie sah.* Geraint Thomas
978-3-95726-059-8	*Tausend Kilometer Süden.* Walter Jungwirth
978-3-95726-055-0	*Ein Rad für alles. Die Allroad-Bike-Revolution.* Jan Heine
978-3-95726-054-3	*Quer durch Flandern.* Harry Pearson
978-3-95726-053-6	*Sokrates auf dem Rennrad.* Guillaume Martin
978-3-95726-048-2	*Colombia Es Pasión.* Matt Rendell
978-3-95726-047-5	*Ride Inside – Trainingshandbuch Indoorcycling.* Joe Friel
978-3-95726-046-8	*Der kahle Berg.* Lex Reurings & Willem Janssen Steenberg
978-3-95726-044-4	*One-Way Ticket.* Jonathan Vaughters
978-3-95726-042-4	*299 schlaue Dinge über Sport…* Andreas Beune
978-3-95726-039-0	*Flamme Rouge.* Daniel Lenz & Florian Summerer
978-3-95726-038-3	*T wie Trouble.* Tim Moore
978-3-95726-037-6	*Dominik Nerz – Gestürzt.* Michael Ostermann
978-3-95726-035-2	*Die Trainingsbibel für Radsportler.* Joe Friel
978-3-95726-033-8	*Vintage-Räder.* Gianluca Zaghi

978-3-95726-031-4	*Zugtiere in Trägerhosen.* Phil Gaimon
978-3-95726-028-4	*Der Radrennfahrer und sein Schatten.* Olivier Haralambon
978-3-95726-027-7	*Die Regeln. Kodex für Radsportjünger.* Velominati
978-3-95726-024-6	*Thomas Dekker.* Thomas Dekker & Thijs Zonneveld
978-3-95726-018-5	*Die Trainingsbibel für Triathleten.* Joe Friel
978-3-95726-017-8	*Mit dem Klapprad in die Kälte.* Tim Moore
978-3-95726-013-0	*Pellegrina.* Lidewey van Noord
978-3-95726-012-3	*Tourleben. Vier Jahrzehnte Radsportfotografie.* Hennes Roth
978-3-95726-010-9	*Auf der Straße.* David Millar
978-3-95726-009-3	*Die vierzehnte Etappe.* Tim Krabbé
978-3-95726-006-2	*Schnell und fit ab 50.* Joe Friel
978-3-95726-005-5	*Domestik.* Charly Wegelius
978-3-936973-97-6	*Gironimo!* Tim Moore
978-3-936973-93-8	*Frau & Rennrad.* Nynke de Jong & Marijn de Vries
978-3-936973-91-1	*Ein Mann und sein Rad.* Wilfried de Jong
978-3-936973-78-5	*Das Buch der Radsporttrikots.* A. Beune & R. Sprehe
978-3-936973-72-3	*Lötzsch.* Philipp Köster
978-3-936973-68-6	*Sind wir nicht alle ein bisschen tri?* Lars Terörde
978-3-936973-66-2	*Albina und das Fahrrad.* Jacques Faizant
978-3-936973-60-0	*Der Schweiß der Götter.* Benjo Maso
978-3-936973-55-6	*Going Long.* Joe Friel & Gordon Byrn
978-3-936973-35-8	*Gute Beine, schlechte Beine.* Peter Winnen
978-3-936973-34-1	*Der vergessene Weltmeister.* Renate Franz

Detaillierte Informationen zu allen Büchern finden Sie unter:

www.covadonga.de